U0584830

全世界无产者，联合起来！

纪念马克思诞辰200周年

马克思恩格斯著作特辑

马克思　恩格斯

德意志意识形态

（节选本）

中共中央 马克思 恩格斯 列 宁 斯大林 著作编译局编译

人民出版社

编辑说明

2018年5月5日，是马克思诞辰200周年。在人类历史上，马克思是对世界现代文明进程影响最深远的思想家和革命家。他和恩格斯共同创立的科学理论体系，是人类数千年来优秀文化的结晶，是工人阶级及其政党的行动指南，是中国人民为实现中华民族伟大复兴而团结奋斗的思想基础。为了缅怀和纪念这位伟大的革命导师，推进新时代马克思主义中国化、时代化、大众化事业，我们精选了马克思和恩格斯在各个时期写的具有代表性的重要著作，编成《马克思恩格斯著作特辑》，奉献给广大读者，以适应新形势下学习和研究马克思主义理论的需要。

《马克思恩格斯著作特辑》的编辑宗旨是面向实践、贴近读者，坚持“要精、要管用”的原则，既涵盖马克思主义哲学、政治经济学和科学社会主义的理论体系，又体现马克思和恩格斯创立和发展科学理论的历史进程；既突出他们对国际共产主义运动和民族解放运动的正确指导和有力支持，又反映他们对中华民族发展前途的深情关注和殷切期望。

《马克思恩格斯著作特辑》包含《共产党宣言》和《资本论》等14部著作的单行本或节选本，此外还有一部专题选编本《马克思恩格斯论中国》。所有文献均采用马克思恩格斯著作最新版本的译文，以确保经典著作译文的统一性和准确性。自1995年起，由我局编译的《马克思恩格斯全集》中文第二版陆续问世，迄今已出版29卷；从2004年起，我们又先后编译并出版了《马克思恩格斯文集》十卷本和《马克思恩格斯选集》第三版。《马克思恩格斯著作特辑》收录的文献采用了上述最新版本的译文；对未收入上述版本的马克思恩格斯著作的译文，我们按照最新版本的编译标准进行了审核和校订。

《马克思恩格斯著作特辑》采用统一的编辑体例。我们将马克思、恩格斯在不同时期为一部著作撰写的序言或导言编排在这部著作正文前面，以利于读者认识经典作家的研究目的、写作缘起、论述思路和理论见解。我们还为一些重点著作增设了附录，收入对领会和研究经典著作正文有重要参考价值的文献和史料。我们为每一本书都撰写了《编者引言》，简要地综述相关著作的时代背景、思想精髓和历史地位，帮助读者理解原著、把握要义；同时概括地介绍相关著作写作和流传情况以及中文译本的编译出版情况，供读者参考。每一本书正文后面均附有注释和人名索引，以便于读者查考和检索。

《马克思恩格斯著作特辑》的技术规格沿用《马克思恩格斯全集》中文第二版的相关规定：在目录和正文中，凡标有星花*的标题都是编者加的；引文中尖括号〈　〉内的文字和标点符号是马克思、恩格斯加的，引文中加圈点处是马克思、恩格斯加着重号的地方；目录和正文中方括号［ ］内的文字是编者加的；未注明“编者注”的脚注是马克思、恩格斯的原注；人名索引的条目按汉语拼音字母顺序排列。

自2014年以来，由我局编译的《马列主义经典作家文库》陆续问世。这部《马克思恩格斯著作特辑》所收的文献，均已编入《文库》，特此说明。

中共中央马克思 恩格斯 列宁 斯大林著作编译局

2018年2月

目　录

插　图

编 者 引 言

《德意志意识形态。对费尔巴哈、布·鲍威尔和施蒂纳所代表的现代德国哲学以及各式各样先知所代表的德国社会主义的批判》是马克思和恩格斯阐述唯物史观和共产主义理论的重要著作。这部著作共分两卷，第一卷批判了路·费尔巴哈、布·鲍威尔和麦·施蒂纳的唯心史观，阐发了唯物史观的基本原理，论述了共产主义和无产阶级革命的理论；第二卷批判了当时在德国流行的所谓“真正的社会主义”，揭示了这种假社会主义的哲学基础、社会根源和阶级本质。本书节选了这部著作第一卷的《序言》和第一章《费尔巴哈　唯物主义观点和唯心主义观点的对立》，同时精选了第一卷和第二卷中的重要论述。

一

19 世纪 40 年代，工业革命在欧洲主要国家迅速推进，资本主义的各种矛盾和弊端日益显现,工人阶级在大工业发展进程中不断壮大,开始作为独立的政治力量登上历史舞台。这一切为无产阶级科学世界观的诞生提供了社会经济条件和阶级基础。正是在这样的时代背景下,青年马克思和恩格斯积极投身于革命实践活动和理论研究工作,通过艰苦努力,在探求真理的道路上取得了重大进展。在世界观方面,他们清除了自己早年受到的黑格尔唯心主义哲学的影响,并同坚持唯心史观的青年黑格尔派毅然决裂;在政治立场方面,他们认清了资产阶级革命和资产阶级民主的本质,明确了社会发展的根本方向和无产阶级的历史使命。这样,马克思和恩格斯就完成了从唯心主义向唯物主义、从革命民主主义向共产主义的彻底转变,开始并肩战斗,共同为无产阶级解放事业创立科学的理论体系。

1844 年,他们合写了第一部重要的哲学著作《神圣家族》,批判了青年黑格尔派和黑格尔本人的唯心主义哲学观点,初步阐述了唯物史观的一些重要思想,从而“奠定了革命唯物主义的社会主义的基础”(见《列宁选集》第 3 版第 1 卷第 92 页)。1845 年春,马克思撰写了《关于费尔巴哈的提纲》,阐明了辩证唯物主义的实践观,表明马克思不仅同唯心主义,而且同旧唯物主义划清了界限,为创立新世界观奠定了坚实的基础。恩格斯指出,这个提纲是“包含着新世界观的天才萌芽的第一个文献”(见《马克思恩格斯文集》第 4 卷第 266 页)。

为了全面阐述和捍卫自己的政治信念与理论观点,马克思和恩格斯决定进一步采取行动,彻底批判以青年黑格尔派为代表的德国唯心主义哲学和所谓“真正的社会主义”的错误思潮。青年黑格尔派颠倒意识与存在、思想与现实的关系,主张以“纯粹的思想批判”代替反对现存制度的革命实践。马克思和恩格斯把这种哲学思想和政治主张称作“德意志意识形态”。他们希望通过对“德意志意识形态”的批判，明确地表述他们已经形成的共同见解，集中地阐发新的世界观即历史唯物主义基本理论，科学地论证共产主义取代资本主义的历史必然性。为此，马克思和恩格斯从1845年10月至1847年4—5月合写了《德意志意识形态》一书，实现了他们的共同心愿。

1859年，马克思在《〈政治经济学批判〉序言》中回顾了他和恩格斯撰写《德意志意识形态》的初衷和过程，他写道：“自从弗里德里希·恩格斯批判经济学范畴的天才大纲（在《德法年鉴》上）发表以后，我同他不断通信交换意见，他从另一条道路（参看他的《英国工人阶级状况》）得出同我一样的结果。当1845年春他也住在布鲁塞尔时，我们决定共同阐明我们的见解与德国哲学的意识形态的见解的对立，实际上是把我们从前的哲学信仰清算一下。这个心愿是以批判黑格尔以后的哲学的形式来实现的。”（见《马克思恩格斯文集》第2卷第592—593页）恩格斯后来进一步指出，马克思在这里所说的“共同阐明我们的见解”，是指比较完整地论述“主要由马克思制定的唯物主义历史观”（见《马克思恩格斯文集》第4卷第265页）。确实，在马克思主义发展史上，《德意志意识形态》是唯物史观基本形成的里程碑，也是马克思主义哲学创立的标志。

二

马克思和恩格斯在这部著作第一卷第一章中首次对唯物史观

作了比较系统的阐述。

他们首先论证了研究现实的人的生产活动以及他们的物质生活条件是唯物史观考察历史的出发点,强调“我们不是从人们所说的、所设想的、所想象的东西出发,也不是从口头说的、思考出来的、设想出来的、想象出来的人出发,去理解有血有肉的人。我们的出发点是从事实际活动的人”(见本书第17页),因为“全部人类历史的第一个前提无疑是有生命的个人的存在”。他们指出:“一当人开始生产自己的生活资料,即迈出由他们的肉体组织所决定的这一步的时候,人本身就开始把自己和动物区别开来。”(见本书第11页)正是基于这个无可辩驳的基本事实,马克思和恩格斯指出唯物主义历史观的理论要义和科学方法就在于:从直接生活的物质生产出发来考察现实的生产过程,并把同这种生产方式相联系的、它所产生的交往形式理解为整个历史的基础,同时由此出发来阐明意识的各种理论产物和形式,如宗教、哲学、道德等等,并追溯它们产生的过程。马克思和恩格斯用精练的语言揭示了唯物史观与唯心史观的根本区别:“这种历史观和唯心主义历史观不同,它不是在每个时代中寻找某种范畴,而是始终站在现实历史的基础上,不是从观念出发来解释实践,而是从物质实践出发来解释各种观念形态”(见本书第37页)。

马克思和恩格斯论述了社会存在决定社会意识这一历史唯物主义的基本原则。对于意识和生活的关系截然不同的理解,是唯物史观和唯心史观的根本分歧之一。青年黑格尔派认为,思想、观念、意识在社会现实生活中具有独立地位和决定作用。马克思和恩格斯揭露了这种认识的虚假性和荒谬性,他们明确指出:“思想、观念、意识的生产最初是直接与人们的物质活动,与人们的物质交往,与现实生活的语言交织在一起的。人们的想象、思维、精神交往在这里还是人们物质行动的直接产物。表现在某一民族的政治、法律、道德、宗教、形而上学等的语言中的精神生产也是这样。”(见本书第16页)意识依附于人们的物质生产和物质交往,人们在改变现实的同时也在改变自己的思维和思维的产物。然而,随着生产的发展和分工的细化,特别是由于物质劳动与精神劳动的分离,社会上出现了脱离物质劳动而专门从事精神活动的人,于是意识便逐渐获得了“独立”的外观。马克思和恩格斯指出,这种“独立”实际上只是假象,“意识在任何时候都只能是被意识到了的存在,而人们的存在就是他们的现实生活过程”,“不是意识决定生活,而是生活决定意识”(见本书第17页),这是被人类历史和社会实践反复证明的真理。

马克思和恩格斯阐述了物质生产在人类历史发展进程中的决定作用。他们指出:“我们首先应当确定一切人类生存的第一个前提,也就是一切历史的第一个前提,这个前提是:人们为了能够‘创造历史’,必须能够生活。但是为了生活,首先就需要吃喝住穿以及其他一些东西。因此第一个历史活动就是生产满足这些需要的资料,即生产物质生活本身,而且,这是人们从几千年前直到今天单是为了维持生活就必须每日每时从事的历史活动,是一切历史的基本条件。”(见本书第23页)既然物质生活资料的生产是人类的“第一个历史活动”,是“一切历史的基本条件”,那么,要厘清历史真相、探究历史规律,“第一件事情就是必须注意上述基本事实的全部意义和全部范围,并给予应有的重视”(见本书第23页),而决不能像历史唯心主义者那样,仅仅依据思想和意识来解释历史发展的进程及其动力,将一部人类史归结为“观念史”。

马克思和恩格斯第一次揭示了生产力和生产关系之间的矛盾运动和辩证关系。在《德意志意识形态》这部著作中,马克思和恩格斯使用“交往形式”、“交往方式”、“交往关系”、“生产关系和交往关系”这些术语,来表达他们在这个时期形成的生产关系概念。他们指出,人类的物质生产既表现为人和自然的关系,即一定的生产力,又表现为人们在生产实践中的相互关系,即交往形式。马克思和恩格斯认为,“人们所达到的生产力的总和决定着社会状况”(见本书第25页)。在物质生产中,生产力是决定因素,生产力始终制约着交往形式。在人类社会演进的各个历史阶段,都有同生产力发展相适应的特定交往形式。随着生产力的发展,原来与生产力相适应的交往形式变成了束缚生产力进一步发展的桎梏,从而必然由新的交往形式来代替。马克思和恩格斯指出:“按照我们的观点,一切历史冲突都根源于生产力和交往形式之间的矛盾。”(见本书第62页)在阶级社会中,这种矛盾表现为不同阶级之间的对立和斗争,表现为思想斗争、政治斗争等等,而且“每一次都不免要爆发为革命”(见本书第61页);最后,只有通过深刻的社会革命,这种矛盾才能得到解决。旧的矛盾解决以后,新的矛盾又会产生,人类社会就是在生产力和交往形式的矛盾运动中不断向前发展的。

马克思和恩格斯在研究生产力和生产关系之间的矛盾运动和辩证关系时,考察了分工在社会历史进程中的作用,论述了私有制和阶级产生的根源。他们指出,人类的生产活动从一开始就存在着分工。“一个民族的生产力发展的水平,最明显地表现于该民族分工的发展程度。任何新的生产力,只要它不是迄今已知的生产力单纯的量的扩大(例如,开垦土地),都会引起分工的进一步发展。”（见本书第12页）分工从最初起就包含着劳动条件、劳动工具和材料的分配，同时也包含着逐渐积累起来的财富在各个人之间的分配，由此导致了私有制的产生。“分工和私有制是相等的表达方式，对同一件事情，一个是就活动而言，另一个是就活动的产品而言。”（见本书第28页）马克思和恩格斯认为，“分工的各个不同发展阶段，同时也就是所有制的各种不同形式”（见本书第12—13页）。他们根据生产力和生产关系的矛盾运动，考察了历史上相继出现的几种所有制形式，即部落所有制、古典古代的公社所有制和国家所有制、封建的或等级的所有制，进而分析了资本主义所有制束缚生产力发展、阻碍人类社会进步的原因，揭示了这种所有制必将为共产主义公有制所取代的客观规律性。这样，马克思和恩格斯就阐明了人类历史由低级到高级的合乎规律的演进历程和发展方向，指出了社会形态的更替归根结底是生产关系特别是生产资料所有制在生产力发展基础上的更替，从而为创立科学的社会形态理论奠定了基础。马克思和恩格斯还进一步指出，在旧的分工和私有制条件下，人们分成了不同的阶级；在经济上占统治地位的阶级为了维护本阶级的利益，将自身的特殊利益说成是全社会的普遍利益，并运用国家权力来保障这种私利。旧的分工和私有制必然把人束缚在固定的活动领域和范围，使人时刻面对着“一种异己的、同他对立的力量”，“这种力量压迫着人，而不是人驾驭着这种力量”（见本书第30页）。只有在共产主义社会里，人们才能从私有制的枷锁下解放出来，消除旧的分工带来的种种弊端，从而真正获得自由全面的发展。

马克思和恩格斯初步论述了经济基础和上层建筑之间的辩证关系。在这部著作中，马克思和恩格斯常常使用“市民社会”这一术语,来表达他们在这个时期形成的经济基础概念。他们指出:“受到迄今为止一切历史阶段的生产力制约同时又反过来制约生产力的交往形式,就是市民社会”,“这个市民社会是全部历史的真正发源地和舞台”(见本书第32—33页);作为“直接从生产和交往中发展起来的社会组织”,市民社会“在一切时代都构成国家的基础以及任何其他的观念的上层建筑的基础”(见本书第77—78页)。在阐明经济基础对于政治上层建筑和观念上层建筑的决定作用时,马克思和恩格斯特别强调,在阶级社会中,占统治地位的政治思想、法律观念、伦理道德、宗教意识和哲学思想等等,是由社会的经济基础决定并受当时的生产方式支配的,它们的性质取决于在社会上占统治地位的生产关系的性质。基于这种科学的分析,马克思和恩格斯指出:“统治阶级的思想在每一时代都是占统治地位的思想。这就是说,一个阶级是社会上占统治地位的物质力量,同时也是社会上占统治地位的精神力量。支配着物质生产资料的阶级,同时也支配着精神生产资料,因此,那些没有精神生产资料的人的思想,一般地是隶属于这个阶级的。占统治地位的思想不过是占统治地位的物质关系在观念上的表现,不过是以思想的形式表现出来的占统治地位的物质关系;因而,这就是那些使某一个阶级成为统治阶级的关系在观念上的表现,因而这也就是这个阶级的统治的思想。”(见本书第44页)在这里,马克思和恩格斯透彻地阐明了统治阶级思想产生的物质基础和经济根源,揭示了这种思想必然要竭力维护统治阶级利益的本质特征。他们在强调经济基础决定上层建筑的同时,清晰地阐释了上层建筑对经济基础的反作用,从而坚持了历史的辩证法。

马克思和恩格斯还考察了国家和法同所有制的关系,揭示了国家的阶级实质。他们指出，国家表面上代表全社会的公共利益，实际上不过是“统治阶级的各个人借以实现其共同利益的形式”，而资产阶级国家则是“资产者为了在国内外相互保障各自的财产和利益所必然要采取的一种组织形式”（见本书第78—79页）。在这样的国家里，被压迫、被剥削的无产阶级和劳苦大众必然会进行反抗、要求变革，并且必将取得斗争的最终胜利。

马克思和恩格斯创立的唯物史观为科学社会主义奠定了哲学基础。他们从生产力和生产关系、经济基础和上层建筑的矛盾运动中揭示了人类历史发展的一般规律，论证了共产主义取代资本主义的历史必然性，提出了无产阶级夺取政权、消灭私有制、建设新社会并在斗争实践中改造自己的任务。他们指出：“我们所称为共产主义的是那种消灭现存状况的现实的运动”（见本书第31页）；“对实践的唯物主义者即共产主义者来说，全部问题都在于使现存世界革命化，实际地反对并改变现存的事物。”（见本书第19页）为此，马克思和恩格斯具体地论述了共产主义革命的特点，指出过去的革命总是以一种私有制代替另一种私有制，并没有消除阶级对立和阶级冲突，而“共产主义和所有过去的运动不同的地方在于：它推翻一切旧的生产关系和交往关系的基础”（见本书第68页），即彻底消灭私有制，消灭任何阶级剥削和阶级压迫赖以存在的基础。为了实现这个目标，无产阶级“必须首先夺取政权”（见本书第29页），这是劳动人民推翻旧世界、创建新社会的最重要、最基本的前提。

马克思和恩格斯对如何创建未来新社会的问题作了精辟的论述。他们指出，未来新社会“第一次自觉地把一切自发形成的前提看做是前人的创造，消除这些前提的自发性，使这些前提受联合起来的个人的支配。因此,建立共产主义实质上具有经济的性质,这就是为这种联合创造各种物质条件,把现存的条件变成联合的条件。”(见本书第68—69页)基于这种科学的理论判断,马克思和恩格斯强调未来新社会的创建一方面“是以生产力的巨大增长和高度发展为前提的”,“如果没有这种发展,那就只会有贫穷、极端贫困的普遍化;而在极端贫困的情况下,必须重新开始争取必需品的斗争,全部陈腐污浊的东西又要死灰复燃”(见本书第31页);另一方面要以同生产力的普遍发展相联系的世界交往为前提,如果不是这样,“共产主义就只能作为某种地域性的东西而存在”(见本书第31页)。马克思和恩格斯认为,人类历史是在物质生产的基础上,从具有民族局限性和地域局限性的历史向世界历史转变的过程。共产主义事业必须不断克服并逐步消除民族和地域的局限性;这个伟大的事业以无产阶级和全人类的解放为目标,因而“只有作为‘世界历史性的’存在才有可能实现”(见本书第32页)。同样,无产阶级作为推进共产主义事业的革命阶级和中坚力量,也“只有在世界历史意义上才能存在”(见本书第32页)。为了完成历史赋予的神圣使命,无产阶级必须在改造客观世界的同时改造自己的主观世界。为此,马克思和恩格斯强调指出:“革命之所以必需,不仅是因为没有任何其他的办法能够推翻统治阶级,而且还因为推翻统治阶级的那个阶级,只有在革命中才能抛掉自己身上的一切陈旧的肮脏东西,才能胜任重建社会的工作。”(见本书第36页)

马克思和恩格斯还概述了未来共产主义社会的基本特征:全部财富归整个社会支配;阶级对立和阶级统治将彻底消灭;随着私有制和劳动异化的消灭,城乡对立、体力劳动和脑力劳动的对立也将消灭；社会将在所有成员自主联合的基础上形成真正的共同体，劳动将成为人的真正的自主活动，每一个人都将得到自由全面的发展，到那时，单个人才能摆脱种种民族局限和地域局限，在历史完全转变为世界历史的进程中获得真正的解放。这些深刻的思想构成了当时正在创立的科学社会主义理论的重要组成部分。

《德意志意识形态》篇幅宏大、内容丰富、思想精深。为了帮助读者了解全书的重要观点，我们在这个节选本中除了刊出这部著作第一卷第一章《费尔巴哈　唯物主义观点和唯心主义观点的对立》，还精选了散见于第一卷和第二卷中的具有重要思想价值的论述。这些论述涵盖了马克思和恩格斯对一系列重大理论和实践问题的分析判断和深刻阐述，其中包括对青年黑格尔派唯心史观和“真正的社会主义”的批判，对历史唯物主义理论要旨和实践意义的阐发，对资本主义经济制度、政治制度和思想文化的剖析，对共产主义理论和工人阶级历史使命的论述，以及对思想、语言与现实生活的辩证关系的分析。我们将这些论述按逻辑顺序进行编排，并根据内容加了标题，以便读者检索、学习和研究。

三

《德意志意识形态》在马克思和恩格斯生前未能出版。他们曾多次为出版这部著作在德国寻找出版商。由于书报检查机关的阻挠，加上出版商对书中所批判的哲学流派及其代表人物的同情，马克思和恩格斯的愿望未能实现。只有第二卷第四章在 1847 年《威斯特伐利亚汽船》杂志 8 月号和 9 月号上发表过。这部著作以手稿形式保存下来，没有总标题。现在的书名源于马克思在

1847年4月6日发表的声明《驳卡尔·格律恩》中对这部著作的称呼(见《马克思恩格斯全集》中文第1版第4卷第43页)。

《德意志意识形态》第一卷第一章《费尔巴哈》是未完成的手稿,写于第一卷写作过程中的不同时间。在手稿中,这一章原来的标题是《一、费尔巴哈》。在手稿第一章的结尾处恩格斯写有:《一、费尔巴哈。唯物主义观点和唯心主义观点的对立》。显然,这是恩格斯在马克思逝世后整理马克思遗稿、重读《德意志意识形态》手稿时对原有标题所作的具体说明。

《费尔巴哈》这一章直到1924年才由苏共中央马克思恩格斯研究院第一次译成俄文发表,并于1926年在《马克思恩格斯文库》第1卷中以德文原文发表。1932年,《德意志意识形态》全书第一次以原文发表于《马克思恩格斯全集》历史考证版($MEGA^1$)第1部分第5卷,其中《费尔巴哈》章由编者重新编排,加了分节标题,删去了手稿结尾部分关于社会意识形式等内容的几段札记。《马克思恩格斯全集》俄文第二版第3卷和德文版第3卷均以这一版本为依据。后来,苏联《哲学问题》杂志于1965年第10、11期发表了巴加图里亚根据手稿重新编排的《费尔巴哈》章的俄译文;1966年《德国哲学杂志》第10期用德文发表了该章的新编版本;此后该章新的俄文、德文单行本也相继问世。2017年,《马克思恩格斯全集》历史考证版($MEGA^2$)第1部分第5卷刊出了《德意志意识形态》的全部手稿和曾经发表过的刊印稿。编者在考证和研究的基础上,将这部著作的所有文稿分为18个独立的文本加以编列,并对第一卷《费尔巴哈》章的稿本做了新的编排。

《德意志意识形态》在中国的传播迄今已有八十年历史。这部著作的第一卷《费尔巴哈》章曾由郭沫若译成中文,1938年由上海言行出版社出版，书名为《德意志意识形态》；1942 年 7 月上海珠林书店出版了克士（周建人）翻译的这一章的中译文，书名为《德意志观念体系》。新中国成立后，中央编译局推出《德意志意识形态》的第一个中文全译本，此后又在数十年间对《费尔巴哈》章的译文多次进行修订，力求使译文不断完善，准确反映原著的理论精髓和表述风格。

1960 年，我们依据《马克思恩格斯全集》俄文第二版第 3 卷译文，参照德文版第 3 卷原文，全文翻译了《德意志意识形态》，连同马克思《关于费尔巴哈的提纲》的译文，编入《马克思恩格斯全集》中文第一版第 3 卷，由人民出版社出版。1961 年，人民出版社又出版了这部著作的单行本。此后，我们对《费尔巴哈》章的译文作了少量修订，编入 1972 年出版的《马克思恩格斯选集》第一版第 1 卷。

1988 年，我们根据德意志民主共和国狄茨出版社 1971 年出版的《费尔巴哈》章单行本，参考苏联政治书籍出版社 1966 年出版的该章单行本，对《德意志意识形态》第一卷《序言》和《费尔巴哈》章的译文重新进行了编辑和校订，编成节选本由人民出版社出版，题为《费尔巴哈》。该书附录部分收入了马克思的《关于费尔巴哈的提纲》以及恩格斯撰写的札记《费尔巴哈》。

1995 年，我们对《费尔巴哈》章的译文再次进行修订，编入《马克思恩格斯选集》第二版第 1 卷。2003 年，我们对《德意志意识形态》第一卷《序言》和《费尔巴哈》章的译文进一步作了校订，同时摘选了这部著作第一卷和第二卷中的重要论述，编成《德意志意识形态》（节选本），列入《马克思列宁主义文库》，由人民出版社出版。

从2004年起，在中央组织实施的马克思主义理论研究和建设工程中，我们根据《马克思恩格斯全集》德文版第3卷和德意志民主共和国狄茨出版社1985年出版的《费尔巴哈》章单行本，对《德意志意识形态》第一卷《序言》、第一章《费尔巴哈》以及第二卷中《“真正的社会主义”》一节的译文进行了认真审核和修订。经过校订的译文收入2009年出版的十卷本《马克思恩格斯文集》第1卷。2012年，我们将《费尔巴哈》章编入《马克思恩格斯选集》第三版第1卷。

本书收录的《德意志意识形态》第一卷《序言》和《费尔巴哈》章，采用了十卷本《马克思恩格斯文集》第1卷的最新译文。在编辑过程中，我们依据《马克思恩格斯全集》德文版第3卷原文，对本书辑录的“第一卷和第二卷重要论述摘编”的全部译文进行了仔细审核和修订，同时对全书的资料作了审校和补充。

卡·马克思和弗·恩格斯

德意志意识形态

对费尔巴哈、布·鲍威尔和施蒂纳所代表的
现代德国哲学以及各式各样
先知所代表的德国社会主义的批判

（节　　选）

第一卷
对费尔巴哈、布·鲍威尔和施蒂纳所代表的现代德国哲学的批判

序言

迄今为止人们总是为自己造出关于自己本身、关于自己是何物或应当成为何物的种种虚假观念。他们按照自己关于神、关于标准人等等观念来建立自己的关系。他们头脑的产物不受他们支配。他们这些创造者屈从于自己的创造物。他们在幻象、观念、教条和臆想的存在物的枷锁下日渐委靡消沉,我们要把他们从中解放出来。我们要起来反抗这种思想的统治。一个人说,我们要教会他们用符合人的本质的思想来代替这些臆想,另一个人说,我们要教会他们批判地对待这些臆想,还有个人说,我们要教会他们从头脑里抛掉这些臆想,这样——当前的现实就会崩溃。①

---

① 这里提到的三个人是指:路·费尔巴哈、布·鲍威尔、麦·施蒂纳。——编者注

这些天真的幼稚的空想构成现代青年黑格尔派哲学的核心。在德国不仅是公众怀着畏惧和虔敬的心情来接受这种哲学,而且**哲学英雄们**自己在抬出这种哲学的时候,也一本正经地觉得它有颠覆世界的危险性和不怕被治罪的坚决性。本书第一卷的目的就是要揭露这些自以为是狼、也被人看成是狼的绵羊,指出他们的咩咩叫声只不过是以哲学的形式来重复德国市民的观念,而这些哲学宣讲者的夸夸其谈只不过反映出德国现实状况的可悲。本书的目的就是要揭穿同现实的影子所作的哲学斗争,揭穿这种投合耽于幻想、精神委靡的德国民众口味的哲学斗争,使之信誉扫地。

有一个好汉忽然想到,人们之所以溺死,是因为他们被**重力思想**迷住了。如果他们从头脑中抛掉这个观念,比方说,宣称它是迷信观念,是宗教观念,他们就会避免任何溺死的危险。他一生都在同重力的幻想作斗争,各种统计给他提供大量有关这种幻想的有害后果的新证据。这位好汉就是现代德国革命哲学家们的标本。①

① 手稿中删去以下几段话:“德国唯心主义和其他一切民族的意识形态没有任何特殊的区别。后者也同样认为世界是受观念支配的,思想和概念是决定性的本原,一定的思想是只有哲学家们才能理解的物质世界的奥秘。

黑格尔完成了实证唯心主义。在他看来,不仅整个物质世界变成了思想世界,而且整个历史变成了思想的历史。他并不满足于记述思想中的东西,他还试图描绘它们的生产活动。

从自己的幻想世界中被唤醒的德国哲学家们反抗思想世界。他们把关于现实的东西、有形的东西的观念同思想世界……

所有的德国哲学批判家们都断言:观念、想法、概念迄今一直支配和决定着现实的人,现实世界是观念世界的产物。这种情况一直保持到今日,但今后不应继续存在。他们彼此不同的地方在于他们想用什么方法来拯救在他们看来还在自己的固定思想的威力下呻吟的人类;

他们彼此不同的地方在于他们把什么东西宣布为固定思想。他们相同的地方在于他们相信这种思想的统治；他们相同的地方在于他们相信他们的批判的思想活动一定会使现存的东西灭亡，而要做到这一点，他们或者认为有他们的孤立的思想活动就已足够，或者希望争得共同的意识。

相信现实世界是观念世界的产物，相信观念世界……

德国哲学家们在他们的黑格尔的思想世界中迷失了方向，他们反对思想、观念、想法的统治，而按照他们的观点，即按照**黑格尔的幻想**，思想、观念、想法一直是产生、规定和支配现实世界的。他们表示反抗并停止……

按照黑格尔体系，观念、思想、概念产生、规定和支配人们的现实生活、他们的物质世界、他们的现实关系。他的叛逆的门徒从他那里接受了这一点……”——编者注

第一章
费尔巴哈

唯物主义观点和唯心主义观点的对立

[I]

正如德意志意识形态家们①所宣告的，德国在最近几年里经历了一次空前的变革。从施特劳斯开始的黑格尔体系的解体过程[1]发展为一种席卷一切“过去的力量”的世界性骚动。在普遍的混乱中，一些强大的王国产生了，又匆匆消逝了，瞬息之间出现了许多英雄，但是马上又因为出现了更勇敢更强悍的对手而销声匿迹。这是一次革命，法国革命同它相比只不过是儿戏；这是一次世界斗争，狄亚多希[2]的斗争在它面前简直微不足道。一些原则为另一些原则所代替，一些思想勇士为另一些思想勇士所歼灭，其速度之快是前所未闻的。在1842—1845年这三年中间，在德国进行的清洗比过去三个世纪都要彻底得多。

① “意识形态家”原文为Ideologe，过去曾译“思想家”、“玄想家”。Ideologe一词是由Ideologie（意识形态）派生出来的。为了保持这两个词译法的一致性，现将“思想家”、“玄想家”改为“意识形态家”。当时以青年黑格尔派为主要代表的德国哲学，颠倒意识与存在、思想与现实的关系，以纯思想批判代替反对现存制度的实际斗争。马克思和恩格斯把这种哲学称为“德意志意识形态”，把鼓吹这种哲学的人称为“德意志意识形态家”。——编者注

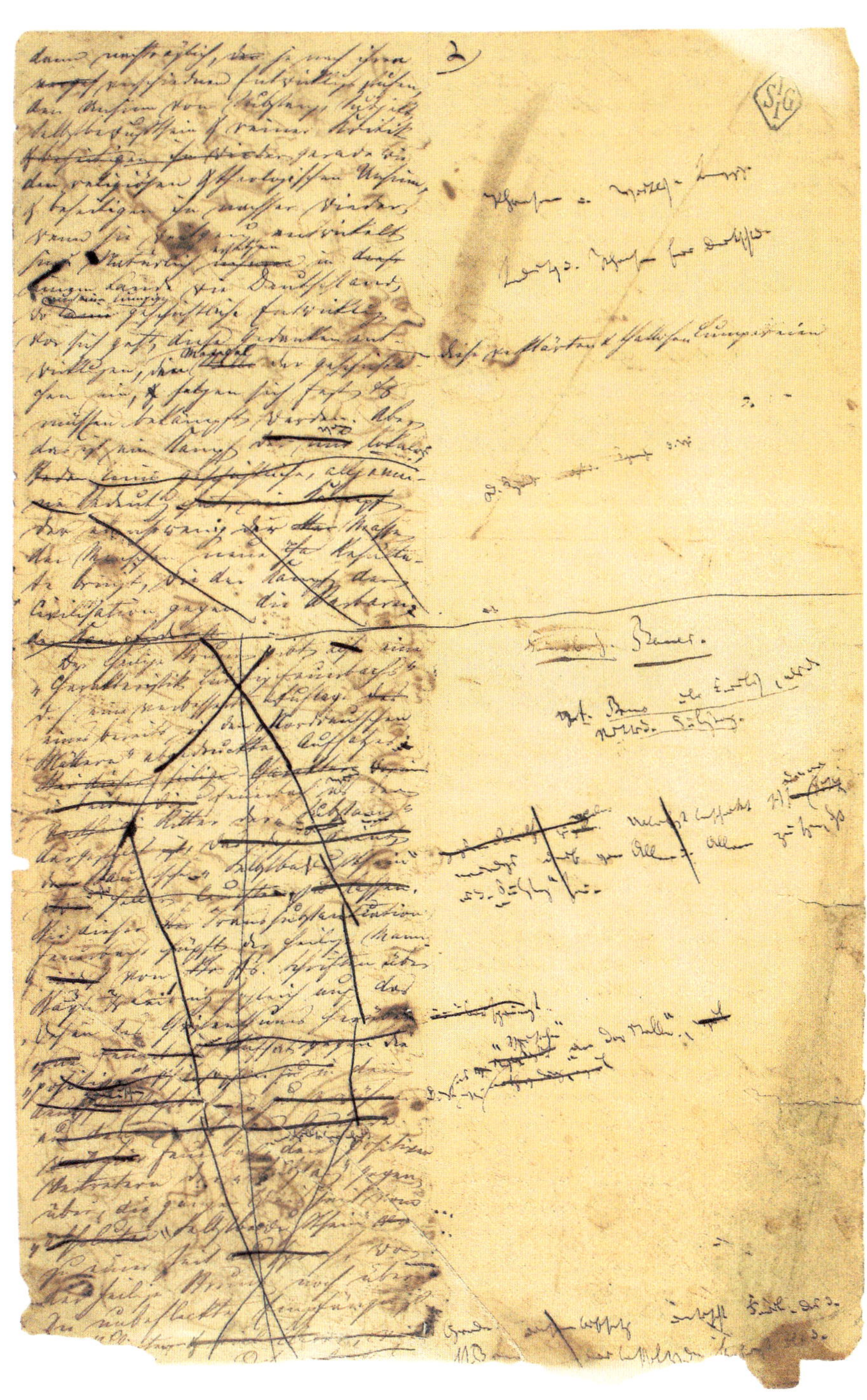

《德意志意识形态》手稿中的一页

据说这一切都是在纯粹的思想领域中发生的。

然而,不管怎么样,这里涉及的是一个有意义的事件:绝对精神的瓦解过程。在最后一点生命的火花熄灭之后,这具残骸①的各个组成部分就分解了,它们重新化合,构成新的物质。那些以哲学为业,一直以经营绝对精神为生的人们,现在都扑向这种新的化合物。每个人都不辞劳苦地兜售他所得到的那一份。竞争不可避免。起初这种竞争还相当体面,并且循规蹈矩。后来,当商品充斥德国市场,而在世界市场上尽管竭尽全力也无法找到销路的时候,按照通常的德国方式,生意都因搞批量的和虚假的生产,因质量降低、原料掺假、伪造商标、买空卖空、票据投机以及没有任何现实基础的信用制度而搞糟了。竞争变成了激烈的斗争,而这个斗争现在却被吹嘘和构想成一种具有世界历史意义的变革,一种产生了十分重大的结果和成就的因素。

为了正确地评价这种甚至在可敬的德国市民心中唤起怡然自得的民族感情的哲学叫卖,为了清楚地表明这整个青年黑格尔派运动的狭隘性、地域局限性,特别是为了揭示这些英雄们的真正业绩和关于这些业绩的幻想之间的令人啼笑皆非的显著差异,就必须站在德国以外的立场上来考察一下这些喧嚣吵嚷。②

---

① 原文是 caput mortum,原意为"骷髅";在化学中,是指蒸馏过程结束后的残留物。——编者注

② 手稿中删去以下一段话:"因此,我们在对这个运动的个别代表人物进行专门批判之前,先提出一些有关德国哲学和整个意识形态的一般意见,这些意见要进一步揭示所有代表人物共同的意识形态前提。这些意见将充分表明我们在进行批判时所持的观点,而表明我们的观点对于了解和说明以后各种批评意见是必要的。我们这些意见正是针对**费尔巴哈**的,因为只有他才至少向前迈进了一步,只有他的著作才可以认真地加以研究。"——编者注

一 费尔巴哈

A. 一般意识形态，特别是德意志意识形态

德国的批判，直至它最近所作的种种努力，都没有离开过哲学的基地。这个批判虽然没有研究过自己的一般哲学前提，但是它谈到的全部问题终究是在一定的哲学体系即黑格尔体系的基地上产生的。不仅是它的回答，而且连它所提出的问题本身，都包含着神秘主义。对黑格尔的这种依赖关系正好说明了为什么在这些新出现的批判家中甚至没有一个人试图对黑格尔体系进行全面的批判，尽管他们每一个人都断言自己已经超越黑格尔哲学。他们和黑格尔的论战以及他们相互之间的论战，只局限于他们当中的每一个人都抓住黑格尔体系的某一方面，用它来反对整个体系，也反对别人所抓住的那些方面。起初他们还是抓住纯粹的、未加伪造的黑格尔的范畴，如“实体”和“自我意识”①，但是后来却用一些比较世俗的名称如“类”、“唯一者”、“人”②等等，使这些范畴世俗化。

从施特劳斯到施蒂纳的整个德国哲学批判都局限于对**宗教**观念的批判③。他们的出发点是现实的宗教和真正的神学。至于什

① 大·施特劳斯和布·鲍威尔使用的基本范畴。——编者注

② 路·费尔巴哈和麦·施蒂纳使用的基本范畴。——编者注

③ 手稿中删去以下这段话：“这种批判自以为是使世界消除一切灾难的绝对救世主。宗教总是被看做和解释成这些哲学家们所厌恶的一切关系的终极原因，他们的主要敌人。”——编者注

么是宗教意识,什么是宗教观念,他们后来下的定义各有不同。其进步在于:所谓占统治地位的形而上学观念、政治观念、法律观念、道德观念以及其他观念也被归入宗教观念或神学观念的领域;还在于:政治意识、法律意识、道德意识被宣布为宗教意识或神学意识,而政治的、法律的、道德的人,总而言之,“**人**”,则被宣布为宗教的人。宗教的统治被当成了前提。一切占统治地位的关系逐渐地都被宣布为宗教的关系,继而被转化为迷信——对法的迷信,对国家的迷信等等。到处涉及的都只是教义和对教义的信仰。世界在越来越大的规模内被圣化了,直到最后可尊敬的圣麦克斯①完全把它宣布为圣物,从而一劳永逸地把它葬送为止。

老年黑格尔派认为,只要把一切都归入黑格尔的逻辑范畴,他们就**理解**了一切。青年黑格尔派则硬说一切都包含宗教观念或者宣布一切都是神学上的东西,由此来**批判**一切。青年黑格尔派同意老年黑格尔派的这样一个信念,即认为宗教、概念、普遍的东西统治着现存世界。不过一派认为这种统治是篡夺而加以反对,另一派则认为这种统治是合法的而加以赞扬。

既然青年黑格尔派认为,观念、思想、概念,总之,被他们变为某种独立东西的意识的一切产物,是人们的真正枷锁,就像老年黑格尔派把它们看做是人类社会的真正镣铐一样,那么不言而喻,青年黑格尔派只要同意识的这些幻想进行斗争就行了。既然根据青年黑格尔派的设想,人们之间的关系、他们的一切举止行为、他们受到的束缚和限制,都是他们意识的产物,那么青年黑格尔派完全

① 指麦·施蒂纳(约·卡·施米特的笔名)。马克思和恩格斯在《德意志意识形态》中也用其他绰号称呼他,例如,称他为“圣桑乔”、“圣者”、“教父”、“笨伯雅克”等等。——编者注

合乎逻辑地向人们提出一种道德要求,要用人的、批判的或利己的意识①来代替他们现在的意识,从而消除束缚他们的限制。这种改变意识的要求,就是要求用另一种方式来解释存在的东西,也就是说,借助于另外的解释来承认它。青年黑格尔派的意识形态家们尽管满口讲的都是所谓"震撼世界的"[3]词句,却是最大的保守派。如果说,他们之中最年轻的人宣称只为反对"**词句**"而斗争,那就确切地表达了他们的活动。不过他们忘记了:他们只是用词句来反对这些词句;既然他们仅仅反对这个世界的词句,那么他们就绝对不是反对现实的现存世界。这种哲学批判所能达到的唯一结果,是从宗教史上对基督教作一些说明,而且还是片面的说明。至于他们的全部其他论断,只不过是进一步修饰他们的要求:想用这样一些微不足道的说明作出具有世界历史意义的发现。

这些哲学家没有一个想到要提出关于德国哲学和德国现实之间的联系问题,关于他们所作的批判和他们自身的物质环境之间的联系问题。

---

1. 一般意识形态,特别是德国哲学

A.②

我们开始要谈的前提不是任意提出的,不是教条,而是一些只

---

① 指路·费尔巴哈、布·鲍威尔和麦·施蒂纳所说的意识。——编者注

② 手稿中删去以下一段话:"我们仅仅知道一门唯一的科学,即历史科学。历史可以从两方面来考察,可以把它划分为自然史和人类史。但这两方面是不可分割的;只要有人存在,自然史和人类史就彼此相互制

有在臆想中才能撇开的现实前提。这是一些现实的个人，是他们的活动和他们的物质生活条件，包括他们已有的和由他们自己的活动创造出来的物质生活条件。因此，这些前提可以用纯粹经验的方法来确认。

全部人类历史的第一个前提无疑是有生命的个人的存在。①因此，第一个需要确认的事实就是这些个人的肉体组织以及由此产生的个人对其他自然的关系。当然，我们在这里既不能深入研究人们自身的生理特性，也不能深入研究人们所处的各种自然条件——地质条件、山岳水文地理条件、气候条件以及其他条件。②任何历史记载都应当从这些自然基础以及它们在历史进程中由于人们的活动而发生的变更出发。

可以根据意识、宗教或随便别的什么来区别人和动物。一当人开始**生产**自己的生活资料，即迈出由他们的肉体组织所决定的这一步的时候，人本身就开始把自己和动物区别开来。人们生产自己的生活资料，同时间接地生产着自己的物质生活本身。

人们用以生产自己的生活资料的方式，首先取决于他们已有的和需要再生产的生活资料本身的特性。这种生产方式不应当只

约。自然史，即所谓自然科学，我们在这里不谈；我们需要深入研究的是人类史，因为几乎整个意识形态不是曲解人类史，就是完全撇开人类史。意识形态本身只不过是这一历史的一个方面。”——编者注

① 手稿中删去以下这句话：“这些个人把自己和动物区别开来的第一个**历史**行动不在于他们有思想，而在于他们开始**生产自己的生活资料**。”——编者注

② 手稿中删去以下这句话：“但是，这些条件不仅决定着人们最初的、自然形成的肉体组织，特别是他们之间的种族差别，而且直到如今还决定着肉体组织的整个进一步发展或不发展。”——编者注

从它是个人肉体存在的再生产这方面加以考察。更确切地说,它是这些个人的一定的活动方式,是他们表现自己生命的一定方式、他们的一定的**生活方式**。个人怎样表现自己的生命,他们自己就是怎样。因此,他们是什么样的,这同他们的生产是一致的——既和他们生产**什么**一致,又和他们**怎样**生产一致。因而,个人是什么样的,这取决于他们进行生产的物质条件。

这种生产第一次是随着**人口的增长**而开始的。而生产本身又是以个人彼此之间的**交往**[*Verkehr*][4]为前提的。这种交往的形式又是由生产决定的。

———

各民族之间的相互关系取决于每一个民族的生产力、分工和内部交往的发展程度。这个原理是公认的。然而不仅一个民族与其他民族的关系,而且这个民族本身的整个内部结构也取决于自己的生产以及自己内部和外部的交往的发展程度。一个民族的生产力发展的水平,最明显地表现于该民族分工的发展程度。任何新的生产力,只要它不是迄今已知的生产力单纯的量的扩大(例如,开垦土地),都会引起分工的进一步发展。

一个民族内部的分工,首先引起工商业劳动同农业劳动的分离,从而也引起**城乡**的分离和城乡利益的对立。分工的进一步发展导致商业劳动同工业劳动的分离。同时,由于这些不同部门内部的分工,共同从事某种劳动的个人之间又形成不同的分工。这种种分工的相互关系取决于农业劳动、工业劳动和商业劳动的经营方式(父权制、奴隶制、等级、阶级)。在交往比较发达的条件下,同样的情况也会在各民族间的相互关系中出现。

分工的各个不同发展阶段,同时也就是所有制的各种不同形式。这就是说，分工的每一个阶段还决定个人在劳动材料、劳动工具和劳动产品方面的相互关系。

第一种所有制形式是部落[Stamm][5]所有制。这种所有制与生产的不发达阶段相适应，当时人们靠狩猎、捕鱼、畜牧，或者最多靠耕作为生。在人们靠耕作为生的情况下，这种所有制是以有大量未开垦的土地为前提的。在这个阶段，分工还很不发达，仅限于家庭中现有的自然形成的分工的进一步扩大。因此，社会结构只限于家庭的扩大：父权制的部落首领，他们管辖的部落成员，最后是奴隶。潜在于家庭中的奴隶制，是随着人口和需求的增长，随着战争和交易这种外部交往的扩大而逐渐发展起来的。

第二种所有制形式是古典古代的公社所有制和国家所有制。这种所有制首先是由于几个部落通过契约或征服联合为一个**城市**而产生的。在这种所有制下仍然保存着奴隶制。除公社所有制以外，动产私有制以及后来的不动产私有制已经发展起来，但它们是作为一种反常的、从属于公社所有制的形式发展起来的。公民仅仅共同拥有支配自己那些做工的奴隶的权力，因此受公社所有制形式的约束。这是积极公民的一种共同私有制，他们面对着奴隶不得不保存这种自然形成的联合方式。因此，建筑在这个基础上的整个社会结构，以及与此相联系的人民权力，随着私有制，特别是不动产私有制的发展而逐渐趋向衰落。分工已经比较发达。城乡之间的对立已经产生，后来，一些代表城市利益的国家同另一些代表乡村利益的国家之间的对立出现了。在城市内部存在着工业和海外贸易之间的对立。公民和奴隶之间的阶级关系已经充分发展。

随着私有制的发展，这里第一次出现了这样的关系，这些关系我们在考察现代私有制时还会遇见，不过规模更为巨大而已。一方面是私有财产的集中，这种集中在罗马很早就开始了（李奇尼乌斯土地法[6]就是证明），从内战[7]发生以来，尤其是在帝政时期，发展得非常迅速；另一方面是由此而来的平民小农向无产阶级的转化，然而，后者由于处于有产者公民和奴隶之间的中间地位，并未获得独立的发展。

第三种形式是封建的或等级的所有制。古代的起点是**城市**及其狭小的领域，中世纪的起点则是**乡村**。地旷人稀，居住分散，而征服者也没有使人口大量增加，——这种情况决定了起点有这样的变化。因此，与希腊和罗马相反，封建制度的发展是在一个宽广得多的、由罗马的征服以及起初就同征服联系在一起的农业的普及所准备好了的地域中开始的。趋于衰落的罗马帝国的最后几个世纪和蛮族对它的征服本身，使得生产力遭到了极大的破坏；农业衰落了，工业由于缺乏销路而一蹶不振，商业停滞或被迫中断，城乡居民减少了。这些情况以及受其制约的进行征服的组织方式，在日耳曼人的军事制度[8]的影响下，发展了封建所有制。这种所有制像部落所有制和公社所有制一样，也是以一种共同体为基础的。但是作为直接进行生产的阶级而与这种共同体对立的，已经不是与古典古代的共同体相对立的奴隶，而是小农奴。随着封建制度的充分发展，也产生了与城市对立的现象。土地占有的等级结构以及与此相联系的武装扈从制度使贵族掌握了支配农奴的权力。这种封建结构同古典古代的公社所有制一样，是一种联合，其目的在于对付被统治的生产者阶级；只是联合的形式和对于直接生产者的关系有所不同，因为出现了不同的生产条件。

在**城市**中与这种土地占有的封建结构相适应的是同业公会所

有制，即手工业的封建组织。在这里财产主要在于个人的劳动。联合起来反对成群搭伙的掠夺成性的贵族的必要性，在实业家同时又是商人的时期对公共商场的需要，流入当时繁华城市的逃亡农奴的竞争的加剧，全国的封建结构，——所有这一切产生了**行会**；个别手工业者逐渐积蓄起少量资本，而且在人口不断增长的情况下他们的人数没有什么变动，这就使得帮工制度和学徒制度发展起来，而这种制度在城市里产生了一种和农村等级制相似的等级制。

这样，封建时代的所有制的主要形式，一方面是土地所有制和束缚于土地所有制的农奴劳动，另一方面是拥有少量资本并支配着帮工劳动的自身劳动。这两种所有制的结构都是由狭隘的生产关系——小规模的粗陋的土地耕作和手工业式的工业——决定的。在封建制度的繁荣时代，分工是很少的。每一个国家都存在着城乡之间的对立；等级结构固然表现得非常鲜明，但是除了在乡村里有王公、贵族、僧侣和农民的划分，在城市里有师傅、帮工、学徒以及后来的平民短工的划分之外，就再没有什么大的分工了。在农业中，分工因土地的小块耕作而受到阻碍，与这种耕作方式同时产生的还有农民自己的家庭工业；在工业中，各手工业内部根本没有实行分工，而各手工业之间的分工也是非常少的。在比较老的城市中，工业和商业早就分工了；而在比较新的城市中，只是在后来当这些城市彼此发生了关系的时候，这样的分工才发展起来。

比较广大的地区联合为封建王国，无论对于土地贵族或城市来说，都是一种需要。因此，统治阶级的组织即贵族的组织到处都在君主的领导之下。

———

由此可见,事情是这样的:以一定的方式进行生产活动的一定的个人①,发生一定的社会关系和政治关系。经验的观察在任何情况下都应当根据经验来揭示社会结构和政治结构同生产的联系,而不应当带有任何神秘和思辨的色彩。社会结构和国家总是从一定的个人的生活过程中产生的。但是,这里所说的个人不是他们自己或别人想象中的那种个人,而是**现实中的**个人,也就是说,这些个人是从事活动的,进行物质生产的,因而是在一定的物质的、不受他们任意支配的界限、前提和条件下活动着的。②

思想、观念、意识的生产最初是直接与人们的物质活动,与人们的物质交往,与现实生活的语言交织在一起的。人们的想象、思维、精神交往在这里还是人们物质行动的直接产物。表现在某一民族的政治、法律、道德、宗教、形而上学等的语言中的精神生产也是这样。人们是自己的观念、思想等等的生产者,③但这里所说的

---

① 手稿的最初方案是:"在一定的生产关系下的一定的个人"。——编者注

② 手稿中删去以下这段话:"这些个人所产生的观念,或者是关于他们对自然界的关系的观念,或者是关于他们之间的关系的观念,或者是关于他们自身的状况的观念。显然,在这几种情况下,这些观念都是他们的现实关系和活动、他们的生产、他们的交往、他们的社会组织和政治组织有意识的表现,而不管这种表现是现实的还是虚幻的。相反的假设,只有在除了现实的、受物质制约的个人的精神以外还假定有某种特殊的精神的情况下才能成立。如果这些个人的现实关系的有意识的表现是虚幻的,如果他们在自己的观念中把自己的现实颠倒过来,那么这又是由他们狭隘的物质活动方式以及由此而来的他们狭隘的社会关系造成的。"——编者注

③ 手稿中删去以下这句话:"而且人们是受他们的物质生活的生产方式,他们的物质交往和这种交往在社会结构和政治结构中的进一步发展所制约的。"——编者注

人们是现实的、从事活动的人们，他们受自己的生产力和与之相适应的交往的一定发展——直到交往的最遥远的形态——所制约。意识[das Bewußtsein]在任何时候都只能是被意识到了的存在[das bewußte Sein]，而人们的存在就是他们的现实生活过程。如果在全部意识形态中，人们和他们的关系就像在照相机中一样是倒立成像的，那么这种现象也是从人们生活的历史过程中产生的，正如物体在视网膜上的倒影是直接从人们生活的生理过程中产生的一样。

德国哲学从天国降到人间；和它完全相反，这里我们是从人间升到天国。这就是说，我们不是从人们所说的、所设想的、所想象的东西出发，也不是从口头说的、思考出来的、设想出来的、想象出来的人出发，去理解有血有肉的人。我们的出发点是从事实际活动的人，而且从他们的现实生活过程中还可以描绘出这一生活过程在意识形态上的反射和反响的发展。甚至人们头脑中的模糊幻象也是他们的可以通过经验来确认的、与物质前提相联系的物质生活过程的必然升华物。因此，道德、宗教、形而上学和其他意识形态，以及与它们相适应的意识形式便不再保留独立性的外观了。它们没有历史，没有发展，而发展着自己的物质生产和物质交往的人们，在改变自己的这个现实的同时也改变着自己的思维和思维的产物。不是意识决定生活，而是生活决定意识。前一种考察方法从意识出发，把意识看做是有生命的个人。后一种符合现实生活的考察方法则从现实的、有生命的个人本身出发，把意识仅仅看做是**他们的**意识。

这种考察方法不是没有前提的。它从现实的前提出发，它一刻也不离开这种前提。它的前提是人，但不是处在某种虚幻的离群索居和固定不变状态中的人，而是处在现实的、可以通过经验观察到的、在一定条件下进行的发展过程中的人。只要描绘出这个能动的生活过程，历史就不再像那些本身还是抽象的经验主义者所认为的那样，是一些僵死的事实的汇集，也不再像唯心主义者所认为的那样，是想象的主体的想象活动。

在思辨终止的地方，在现实生活面前，正是描述人们实践活动和实际发展过程的真正的实证科学开始的地方。关于意识的空话将终止，它们一定会被真正的知识所代替。对现实的描述会使独立的哲学失去生存环境，能够取而代之的充其量不过是从对人类历史发展的考察中抽象出来的最一般的结果的概括。这些抽象本身离开了现实的历史就没有任何价值。它们只能对整理历史资料提供某些方便，指出历史资料的各个层次的顺序。但是这些抽象与哲学不同，它们绝不提供可以适用于各个历史时代的药方或公式。相反，只是在人们着手考察和整理资料——不管是有关过去时代的还是有关当代的资料——的时候，在实际阐述资料的时候，困难才开始出现。这些困难的排除受到种种前提的制约，这些前提在这里是根本不可能提供出来的，而只能从对每个时代的个人的现实生活过程和活动的研究中产生。这里我们只举出几个我们用来与意识形态相对照的抽象，并用历史的实例来加以说明。

[Ⅱ]

当然，我们不想花费精力①去启发我们的聪明的哲学家，使他

① 马克思加了边注：“**费尔巴哈**”。——编者注

们懂得:如果他们把哲学、神学、实体和一切废物消融在“自我意识”中,如果他们把“人”从这些词句的统治下——而人从来没有受过这些词句的奴役——解放出来,那么“人”的“解放”也并没有前进一步;只有在现实的世界中并使用现实的手段才能实现真正的解放①;没有蒸汽机和珍妮走锭精纺机就不能消灭奴隶制;没有改良的农业就不能消灭农奴制;当人们还不能使自己的吃喝住穿在质和量方面得到充分保证的时候,人们就根本不能获得解放。“解放”是一种历史活动,不是思想活动,“解放”是由历史的关系,是由工业状况、商业状况、农业状况、交往状况促成的[……]②其次,还要根据它们的不同发展阶段,清除实体、主体、自我意识和纯批判等无稽之谈,正如同清除宗教的和神学的无稽之谈一样,而且在它们有了更充分的发展以后再次清除这些无稽之谈。③ 当然,在像德国这样一个具有微不足道的历史发展的国家里,这些思想发展,这些被捧上了天的、毫无作用的卑微琐事弥补了历史发展的不足,它们已经根深蒂固,必须同它们进行斗争。④ 但这是具有地域性意义的斗争。

[……]⑤实际上,而且对**实践的**唯物主义者即**共产主义者**来说,全部问题都在于使现存世界革命化,实际地反对并改变现存的事物。⑥ 如果在费尔巴哈那里有时也遇见类似的观点,那么它们

① 马克思加了边注:“哲学的和真正的解放。——**人**。**唯一者**。**个人**。——地质、水文等等条件。人体。需要和劳动”。——编者注

② 此处手稿缺损。——编者注

③ 马克思加了边注:“词句和现实的运动”。——编者注

④ 马克思加了边注:“词句对德国的意义”。——编者注

⑤ 这里缺五页手稿。——编者注

⑥ 马克思加了边注:“**费尔巴哈**”。——编者注

始终不过是一些零星的猜测,而且对费尔巴哈的总的观点的影响微乎其微,以致只能把它们看做是具有发展能力的萌芽。费尔巴哈对感性世界的"理解"一方面仅仅局限于对这一世界的单纯的直观,另一方面仅仅局限于单纯的感觉。费尔巴哈设定的是"人",而不是"现实的历史的人"。[9]"人"实际上是"德国人"。在前一种情况下,在对感性世界的**直观**中,他不可避免地碰到与他的意识和他的感觉相矛盾的东西,这些东西扰乱了他所假定的感性世界的一切部分的和谐,特别是人与自然界的和谐。为了排除这些东西,他不得不求助于某种二重性的直观,这种直观介于仅仅看到"眼前"的东西的普通直观和看出事物的"真正本质"的高级的哲学直观之间。① 他没有看到,他周围的感性世界决不是某种开天辟地以来就直接存在的、始终如一的东西,而是工业和社会状况的产物,是历史的产物,是世世代代活动的结果,其中每一代都立足于前一代所奠定的基础上,继续发展前一代的工业和交往,并随着需要的改变而改变他们的社会制度。甚至连最简单的"感性确定性"的对象也只是由于社会发展、由于工业和商业交往才提供给他的。大家知道,樱桃树和几乎所有的果树一样,只是在几个世纪以前由于**商业**才移植到我们这个地区。由此可见,樱桃树只是**由于**一定的社会在一定时期的这种活动才为费尔巴哈的"感性确定性"所感知。②

① 恩格斯加了边注:"注意:费尔巴哈的错误不在于他使眼前的东西即感性**外观**从属于通过对感性事实作比较精确的研究而确认的感性现实,而在于他要是不用**哲学家**的'眼睛',就是说,要是不戴哲学家的'眼镜'来观察感性,最终会对感性束手无策。"——编者注

② 马克思加了边注:"**费尔巴哈**"。——编者注

此外，只要这样按照事物的真实面目及其产生情况来理解事物，任何深奥的哲学问题——后面将对这一点作更清楚的说明——都可以十分简单地归结为某种经验的事实。人对自然的关系这一重要问题（或者如布鲁诺在第110页上①所说的“自然和历史的对立”，好像这是两种互不相干的“事物”，好像人们面前始终不会有历史的自然和自然的历史），就是一个例子，这是一个产生了关于“实体”和“自我意识”的一切“神秘莫测的崇高功业”②的问题。然而，如果懂得在工业中向来就有那个很著名的“人和自然的统一”，而且这种统一在每一个时代都随着工业或慢或快的发展而不断改变，就像人与自然的“斗争”促进其生产力在相应基础上的发展一样，那么上述问题也就自行消失了。工业和商业、生活必需品的生产和交换，一方面制约着分配、不同社会阶级的划分，同时它们在自己的运动形式上又受着后者的制约。这样一来，打个比方说，费尔巴哈在曼彻斯特只看见一些工厂和机器，而100年以前在那里只能看见脚踏纺车和织布机；或者，他在罗马的坎帕尼亚只发现一些牧场和沼泽，而在奥古斯都时代在那里只能发现罗马富豪的葡萄园和别墅。③ 费尔巴哈特别谈到自然科学的直观，提到一些只有物理学家和化学家的眼睛才能识破的秘密，但是如果没有工业和商业，哪里会有自然科学呢？甚至这个“纯粹的”自然科学也只是由于商业和工业，由于人们的感性活动才达到自己的目的和获得自己的材料的。这种活动、这种连续不断的感性

① 布·鲍威尔《评路德维希·费尔巴哈》，载于1845年《维干德季刊》第3卷。——编者注

② 歌德《浮士德》的《天上序幕》。——编者注

③ 马克思加了边注：“**费尔巴哈**”。——编者注

劳动和创造、这种生产,正是整个现存的感性世界的基础,它哪怕只中断一年,费尔巴哈就会看到,不仅在自然界将发生巨大的变化,而且整个人类世界以及他自己的直观能力,甚至他本身的存在也会很快就没有了。当然,在这种情况下,外部自然界的优先地位仍然会保持着,而整个这一点当然不适用于原始的、通过自然发生的途径产生的人们。但是,这种区别只有在人被看做是某种与自然界不同的东西时才有意义。此外,先于人类历史而存在的那个自然界,不是费尔巴哈生活于其中的自然界;这是除去在澳洲新出现的一些珊瑚岛以外今天在任何地方都不再存在的、因而对于费尔巴哈来说也是不存在的自然界。

诚然,费尔巴哈与"纯粹的"唯物主义者相比有很大的优点:他承认人也是"感性对象"。但是,他把人只看做是"感性对象",而不是"感性活动",因为他在这里也仍然停留在理论领域,没有从人们现有的社会联系,从那些使人们成为现在这种样子的周围生活条件来观察人们——这一点且不说,他还从来没有看到现实存在着的、活动的人,而是停留于抽象的"人",并且仅仅限于在感情范围内承认"现实的、单个的、肉体的人",也就是说,除了爱与友情,而且是理想化了的爱与友情以外,他不知道"人与人之间"还有什么其他的"人的关系"。① 他没有批判现在的爱的关系。可见,他从来没有把感性世界理解为构成这一世界的个人的全部活生生的感性**活动**,因而比方说,当他看到的是大批患瘰疬病的、积劳成疾的和患肺痨的穷苦人而不是健康人的时候,他便不得不求助于"最高的直观"和观念上的"类的平等化",这就是说,正是在

① 马克思加了边注:"费[尔巴哈]"。——编者注

共产主义的唯物主义者看到改造工业和社会结构的必要性和条件的地方，他却重新陷入唯心主义。①

当费尔巴哈是一个唯物主义者的时候，历史在他的视野之外；当他去探讨历史的时候，他不是一个唯物主义者。在他那里，唯物主义和历史是彼此完全脱离的。这一点从上面所说的看来已经非常明显了。②

我们谈的是一些没有任何前提的德国人，因此我们首先应当确定一切人类生存的第一个前提，也就是一切历史的第一个前提，③这个前提是：人们为了能够"创造历史"，必须能够生活。④但是为了生活，首先就需要吃喝住穿以及其他一些东西。因此第一个历史活动就是生产满足这些需要的资料，即生产物质生活本身，而且，这是人们从几千年前直到今天单是为了维持生活就必须每日每时从事的历史活动，是一切历史的基本条件。即使感性在圣布鲁诺那里被归结为像一根棍子那样微不足道的东西⑤，它仍然必须以生产这根棍子的活动为前提。因此任何历史观的第一件事情就是必须注意上述基本事实的全部意义和全部范围，并给予应有的重视。大家知道，德国人从来没有这样做过，所以他们从来

---

① 马克思加了边注："**费尔巴哈**"。——编者注

② 手稿中删去以下这段话："我们之所以在这里比较详细地谈论历史，只是因为德国人习惯于用'历史'和'历史的'这些字眼随心所欲地想象，但就是不涉及现实。'说教有术的'圣布鲁诺就是一个出色的例子。"——编者注

③ 马克思加了边注："**历史**"。——编者注

④ 马克思加了边注："**黑格尔**。地质、水文等等的条件。人体。需要，劳动"。——编者注

⑤ 指布·鲍威尔在《评路德维希·费尔巴哈》一文中的观点。——编者注

没有为历史提供**世俗**基础,因而也从未拥有过一个历史学家。法国人和英国人尽管对这一事实同所谓的历史之间的联系了解得非常片面——特别是因为他们受政治意识形态的束缚——,但毕竟作了一些为历史编纂学提供唯物主义基础的初步尝试,首次写出了市民社会史、商业史和工业史。

第二个事实是,已经得到满足的第一个需要本身、满足需要的活动和已经获得的为满足需要而用的工具又引起新的需要,而这种新的需要的产生是第一个历史活动。从这里立即可以明白,德国人的伟大历史智慧是谁的精神产物。德国人认为,凡是在他们缺乏实证材料的地方,凡是在神学、政治和文学的谬论不能立足的地方,就没有任何历史,那里只有"史前时期";至于如何从这个荒谬的"史前历史"过渡到真正的历史,他们却没有对我们作任何解释。不过另一方面,他们的历史思辨所以特别热衷于这个"史前历史",是因为他们认为在这里他们不会受到"粗暴事实"的干预,而且还可以让他们的思辨欲望得到充分的自由,创立和推翻成千上万的假说。

一开始就进入历史发展过程的第三种关系是:每日都在重新生产自己生命的人们开始生产另外一些人,即繁殖。这就是夫妻之间的关系,父母和子女之间的关系,也就是**家庭**。这种家庭起初是唯一的社会关系,后来,当需要的增长产生了新的社会关系而人口的增多又产生了新的需要的时候,这种家庭便成为从属的关系了(德国除外)。这时就应该根据现有的经验材料来考察和阐明家庭,而不应该像通常在德国所做的那样,根据"家庭的概念"来考察和阐明家庭。此外,不应该把社会活动的这三个方面看做是三个不同的阶段,而只应该看做是三个方面,或者,为了使德国人能够明白,把它们看做是三个"因素"。从历史的最初时期起,从第一批人出现以来,这三个方面就同时存在着,而且现在也还在历史上起着作用。

这样,生命的生产,无论是通过劳动而生产自己的生命,还是通过生育而生产他人的生命,就立即表现为双重关系:一方面是自然关系,另一方面是社会关系;社会关系的含义在这里是指许多个人的共同活动,不管这种共同活动是在什么条件下、用什么方式和为了什么目的而进行的。由此可见,一定的生产方式或一定的工业阶段始终是与一定的共同活动方式或一定的社会阶段联系着的,而这种共同活动方式本身就是"生产力";由此可见,人们所达到的生产力的总和决定着社会状况,因而,始终必须把"人类的历史"同工业和交换的历史联系起来研究和探讨。但是,这样的历史在德国是写不出来的,这也是很明显的,因为对于德国人来说,要做到这一点不仅缺乏理解能力和材料,而且还缺乏"感性确定性";而在莱茵河彼岸之所以不可能有关于这类事情的任何经验,是因为那里再没有什么历史。由此可见,人们之间一开始就有一种物质的联系。这种联系是由需要和生产方式决定的,它和人本身有同样长久的历史;这种联系不断采取新的形式,因而就表现为"历史",它不需要用任何政治的或宗教的呓语特意把人们维系在一起。

只有现在,在我们已经考察了原初的历史的关系的四个因素、四个方面之后,我们才发现:人还具有"意识"①。但是这种意识并

① 马克思加了边注:"人们之所以有历史,是因为他们必须**生产**自己的生命,而且必须用**一定的**方式来进行:这是受他们的肉体组织制约的,人们的意识也是这样受制约的。"——编者注

非一开始就是“纯粹的”意识。“精神”从一开始就很倒霉,受到物质的“纠缠”,物质在这里表现为振动着的空气层、声音,简言之,即语言。语言和意识具有同样长久的历史;语言**是**一种实践的、既为别人存在因而也为我自身而存在的、现实的意识。语言也和意识一样,只是由于需要,由于和他人交往的迫切需要才产生的。①凡是有某种关系存在的地方,这种关系都是为我而存在的;动物不对什么东西发生“**关系**”,而且根本没有“关系”;对于动物来说,它对他物的关系不是作为关系存在的。因而,意识一开始就是社会的产物,而且只要人们存在着,它就仍然是这种产物。当然,意识起初只是对**直接的**可感知的环境的一种意识,是对处于开始意识到自身的个人之外的其他人和其他物的狭隘联系的一种意识。同时,它也是对自然界的一种意识,自然界起初是作为一种完全异己的、有无限威力的和不可制服的力量与人们对立的,人们同自然界的关系完全像动物同自然界的关系一样,人们就像牲畜一样慑服于自然界,因而,这是对自然界的一种纯粹动物式的意识(自然宗教)②;但是,另一方面,意识到必须和周围的个人来往,也就是开始意识到人总是生活在社会中的。这个开始,同这一阶段的社会生活本身一样,带有动物的性质;这是纯粹的畜群意识,这里,人和

---

① 手稿中删去以下这句话:“我对我的环境的关系是我的意识。”——编者注

② 马克思加了边注:“这里立即可以看出,这种自然宗教或对自然界的这种特定关系,是由社会形式决定的,反过来也是一样。这里和任何其他地方一样,自然界和人的同一性也表现在:人们对自然界的狭隘的关系决定着他们之间的狭隘的关系,而他们之间的狭隘的关系又决定着他们对自然界的狭隘的关系,这正是因为自然界几乎还没有被历史的进程所改变。”——编者注

绵羊不同的地方只是在于:他的意识代替了他的本能,或者说他的本能是被意识到了的本能。由于生产效率的提高,需要的增长以及作为二者基础的人口的增多,这种绵羊意识或部落意识获得了进一步的发展和提高。与此同时分工也发展起来。分工起初只是性行为方面的分工,后来是由于天赋(例如体力)、需要、偶然性等等才自发地或"自然地"形成的分工。分工只是从物质劳动和精神劳动分离的时候起才真正成为分工①。从这时候起意识**才能**现实地想象:它是和现存实践的意识不同的某种东西;它不用想象某种现实的东西就能**现实地**想象某种东西。从这时候起,意识才能摆脱世界而去构造"纯粹的"理论、神学、哲学、道德等等。但是,如果这种理论、神学、哲学、道德等等同现存的关系发生矛盾,那么,这仅仅是因为现存的社会关系同现存的生产力发生了矛盾。不过,在一定民族的各种关系的范围内,这种现象的出现也可能不是因为在该民族范围内出现了矛盾,而是因为在该民族意识和其他民族的实践之间,亦即在某一民族的民族意识和普遍意识之间②出现了矛盾(就像目前德国的情形那样)——既然这个矛盾似乎只表现为民族意识范围内的矛盾,那么在这个民族看来,斗争也就限于这种民族废物,因为这个民族就是废物本身。但是,意识本身究竟采取什么形式,这是完全无关紧要的。我们从这一大堆赘述中只能得出一个结论:上述三个因素即生产力、社会状况和意识,彼此之间可能而且一定会发生矛盾,因为**分工**使精神活动和物

① 马克思加了边注:"与此同时出现的是意识形态家、**僧侣**的最初形式"。——编者注

② 马克思加了边注:"**宗教**。具有真正的**意识形态**的德国人"。——编者注

质活动①、享受和劳动、生产和消费由不同的个人来分担这种情况不仅成为可能,而且成为现实,而要使这三个因素彼此不发生矛盾,则只有再消灭分工。此外,不言而喻,"幽灵"、"枷锁"、"最高存在物"、"概念"、"疑虑"显然只是孤立的个人的一种观念上的、思辨的、精神的表现,只是他的观念,即关于真正经验的束缚和界限的观念;生活的生产方式以及与此相联系的交往形式就在这些束缚和界限的范围内运动着。②

分工包含着所有这些矛盾,而且又是以家庭中自然形成的分工和以社会分裂为单个的、互相对立的家庭这一点为基础的。与这种分工同时出现的还有**分配**,而且是劳动及其产品的**不平等**的分配(无论在数量上或质量上);因而产生了所有制,它的萌芽和最初形式在家庭中已经出现,在那里妻子和儿女是丈夫的奴隶。家庭中这种诚然还非常原始和隐蔽的奴隶制,是最初的所有制,但就是这种所有制也完全符合现代经济学家所下的定义,即所有制是对他人劳动力的支配。其实,分工和私有制是相等的表达方式,对同一件事情,一个是就活动而言,另一个是就活动的产品而言。

其次,随着分工的发展也产生了单个人的利益或单个家庭的利益与所有互相交往的个人的共同利益之间的矛盾;而且这种共同利益不是仅仅作为一种"普遍的东西"存在于观念之中,而首

① 手稿中删去以下这句话:"活动和思维,即没有思想的活动和没有活动的思想。"——编者注

② 手稿中删去以下这句话:"这种关于现存的经济界限的观念上的表现,不是纯粹理论上的,而且在实践的意识中也存在着,就是说,使自己自由存在的并且同现存的生产方式相矛盾的意识,不是仅仅构成宗教和哲学,而且也构成国家。"——编者注

先是作为彼此有了分工的个人之间的相互依存关系存在于现实之中。

正是由于特殊利益和共同利益之间的这种矛盾，共同利益才采取**国家**这种与实际的单个利益和全体利益相脱离的独立形式，同时采取虚幻的共同体的形式，而这始终是在每一个家庭集团或部落集团中现有的骨肉联系、语言联系、较大规模的分工联系以及其他利益的联系的现实基础上，特别是在我们以后将要阐明的已经由分工决定的阶级的基础上产生的，这些阶级是通过每一个这样的人群分离开来的，其中一个阶级统治着其他一切阶级。从这里可以看出，国家内部的一切斗争——民主政体、贵族政体和君主政体相互之间的斗争，争取选举权的斗争等等，不过是一些虚幻的形式——普遍的东西一般说来是一种虚幻的共同体的形式——，在这些形式下进行着各个不同阶级间的真正的斗争（德国的理论家们对此一窍不通，尽管在《德法年鉴》[10]和《神圣家族》①中已经十分明确地向他们指出过这一点）。从这里还可以看出，每一个力图取得统治的阶级，即使它的统治要求消灭整个旧的社会形式和一切统治，就像无产阶级那样，都必须首先夺取政权，以便把自己的利益又说成是普遍的利益，而这是它在初期不得不如此做的。

正因为各个人所追求的**仅仅**是自己的特殊的、对他们来说是同他们的共同利益不相符合的利益，所以他们认为，这种共同利益是“异己的”和“不依赖”于他们的，即仍旧是一种特殊的独特的“普遍”利益，或者说，他们本身必须在这种不一致的状况下活动，

① 马克思和恩格斯《神圣家族》，见《马克思恩格斯文集》第1卷。——编者注

就像在民主制中一样。另一方面,这些始终**真正地**同共同利益和虚幻的共同利益相对抗的特殊利益所进行的**实际**斗争,使得通过国家这种虚幻的"普遍"利益来进行**实际的**干涉和约束成为必要。

最后,分工立即给我们提供了第一个例证,说明只要人们还处在自然形成的社会中,就是说,只要特殊利益和共同利益之间还有分裂,也就是说,只要分工还不是出于自愿,而是自然形成的,那么人本身的活动对人来说就成为一种异己的、同他对立的力量,这种力量压迫着人,而不是人驾驭着这种力量。原来,当分工一出现之后,任何人都有自己一定的特殊的活动范围,这个范围是强加于他的,他不能超出这个范围:他是一个猎人、渔夫或牧人,或者是一个批判的批判者,只要他不想失去生活资料,他就始终应该是这样的人。而在共产主义社会里,任何人都没有特殊的活动范围,而是都可以在任何部门内发展,社会调节着整个生产,因而使我有可能随自己的兴趣今天干这事,明天干那事,上午打猎,下午捕鱼,傍晚从事畜牧,晚饭后从事批判,这样就不会使我老是一个猎人、渔夫、牧人或批判者。社会活动的这种固定化,我们本身的产物聚合为一种统治我们、不受我们控制、使我们的愿望不能实现并使我们的打算落空的物质力量,这是迄今为止历史发展中的主要因素之一。受分工制约的不同个人的共同活动产生了一种社会力量,即成倍增长的生产力。因为共同活动本身不是自愿地而是自然形成的,所以这种社会力量在这些个人看来就不是他们自身的联合力量,而是某种异己的、在他们之外的强制力量。关于这种力量的起源和发展趋向,他们一点也不了解;因而他们不再能驾驭这种力量,相反,这种力量现在却经历着一系列独特的、不仅不依赖于人们的意志和行为反而支配着人们的意志和行为的发展阶段。

这种“**异化**”(用哲学家易懂的话来说)当然只有在具备了两个**实际**前提之后才会消灭。要使这种异化成为一种“不堪忍受的”力量,即成为革命所要反对的力量,就必须让它把人类的大多数变成完全“没有财产的”人,同时这些人又同现存的有钱有教养的世界相对立,而这两个条件都是以生产力的巨大增长和高度发展为前提的。另一方面,生产力的这种发展(随着这种发展,人们的**世界历史性的**而不是地域性的存在同时已经是经验的存在了)之所以是绝对必需的实际前提,还因为如果没有这种发展,那就只会有**贫穷**、极端贫困的普遍化;而在**极端贫困**的情况下,必须重新开始争取必需品的斗争,全部陈腐污浊的东西又要死灰复燃。其次,生产力的这种发展之所以是绝对必需的实际前提,还因为:只有随着生产力的这种普遍发展,人们的**普遍**交往才能建立起来;普遍交往,一方面,可以产生一切民族中同时都存在着“没有财产的”群众这一现象(普遍竞争),使每一民族都依赖于其他民族的变革;最后,地域性的个人为**世界历史性的**、经验上普遍的个人所代替。不这样,(1)共产主义就只能作为某种地域性的东西而存在;(2)交往的**力量**本身就不可能发展成为一种**普遍的**因而是不堪忍受的力量:它们会依然处于地方的、笼罩着迷信气氛的“状态”;(3)交往的任何扩大都会消灭地域性的共产主义。共产主义只有作为占统治地位的各民族“一下子”同时发生的行动,在经验上才是可能的,而这是以生产力的普遍发展和与此相联系的世界交往为前提的。

共产主义对我们来说不是应当确立的**状况**,不是现实应当与之相适应的**理想**。我们所称为共产主义的是那种消灭现存状况的**现实的**运动。这个运动的条件是由现有的前提产生的。

此外,许许多多人**仅仅**依靠自己劳动为生——大量的劳力与资本隔绝或甚至连有限地满足自己的需要的可能性都被剥夺——,从而由于竞争,他们不再是暂时失去作为有保障的生活来源的工作,他们陷于绝境,这种状况是以**世界市场**的存在为前提的。因此,无产阶级只有**在世界历史意义上**才能存在,就像共产主义——它的事业——只有作为"世界历史性的"存在才有可能实现一样。而各个人的世界历史性的存在,也就是与世界历史直接相联系的各个人的存在。

否则,例如财产一般怎么能够具有某种历史,采取各种不同的形式,例如地产怎么能够像今天实际生活中所发生的那样,根据现有的不同前提而发展呢?——在法国,从小块经营发展到集中于少数人之手,在英国,则是从集中于少数人之手发展到小块经营。至于贸易——它终究不过是不同个人和不同国家的产品交换——又怎么能够通过供求关系而统治全世界呢?用一位英国经济学家的话来说,这种关系就像古典古代的命运之神一样,遨游于寰球之上,用看不见的手把幸福和灾难分配给人们,把一些王国创造出来,又把它们毁掉,使一些民族产生,又使它们衰亡;但随着基础即随着私有制的消灭,随着对生产实行共产主义的调节以及这种调节所带来的人们对于自己产品的异己关系的消灭,供求关系的威力也将消失,人们将使交换、生产及他们发生相互关系的方式重新受自己的支配。

受到迄今为止一切历史阶段的生产力制约同时又反过来制约生产力的交往形式,就是**市民社会**[11]。前面的叙述已经表明,这个社会是以简单的家庭和复杂的家庭,即所谓部落制度作为自己的

前提和基础的。关于市民社会的比较详尽的定义已经包括在前面的叙述中了。从这里已经可以看出，这个市民社会是全部历史的真正发源地和舞台，可以看出过去那种轻视现实关系而局限于言过其实的重大政治历史事件[12]的历史观是何等荒谬。

到现在为止，我们主要只是考察了人类活动的一个方面——人**改造自然**。另一方面，是**人改造人**……①

国家的起源和国家同市民社会的关系。

历史不外是各个世代的依次交替。每一代都利用以前各代遗留下来的材料、资金和生产力；由于这个缘故，每一代一方面在完全改变了的环境下继续从事所继承的活动，另一方面又通过完全改变了的活动来变更旧的环境。然而，事情被思辨地扭曲成这样：好像后期历史是前期历史的目的，例如，好像美洲的发现的根本目的就是要促使法国大革命的爆发。于是历史便具有了自己特殊的目的并成为某个与“其他人物”（像“自我意识”、“批判”、“唯一者”等等）“并列的人物”。其实，前期历史的“使命”、“目的”、“萌芽”、“观念”等词所表示的东西，终究不过是从后期历史中得出的抽象，不过是从前期历史对后期历史发生的积极影响中得出的抽象。

各个相互影响的活动范围在这个发展进程中越是扩大，各民族的原始封闭状态由于日益完善的生产方式、交往以及因交往而自然形成的不同民族之间的分工消灭得越是彻底，历史也就越是成为世界历史。例如，如果在英国发明了一种机器，它夺走了印度

① 马克思加了边注：“交往和生产力”。——编者注

和中国的无数劳动者的饭碗,并引起这些国家的整个生存形式的改变,那么,这个发明便成为一个世界历史性的事实;同样,砂糖和咖啡是这样来表明自己在19世纪具有的世界历史意义的:拿破仑的大陆体系[13]所引起的这两种产品的匮乏推动了德国人起来反抗拿破仑,从而就成为光荣的1813年解放战争的现实基础。由此可见,历史向世界历史的转变,不是"自我意识"、世界精神或者某个形而上学幽灵的某种纯粹的抽象行动,而是完全物质的、可以通过经验证明的行动,每一个过着实际生活的、需要吃、喝、穿的个人都可以证明这种行动。

单个人随着自己的活动扩大为世界历史性的活动,越来越受到对他们来说是异己的力量的支配(他们把这种压迫想象为所谓世界精神等等的圈套),受到日益扩大的、归根结底表现为**世界市场**的力量的支配,这种情况在迄今为止的历史中当然也是经验事实。但是,另一种情况也具有同样的经验根据,这就是:随着现存社会制度被共产主义革命所推翻(下面还要谈到这一点)以及与这一革命具有同等意义的私有制的消灭,这种对德国理论家们来说是如此神秘的力量也将被消灭;同时,每一个单个人的解放的程度是与历史完全转变为世界历史的程度一致的①。至于个人在精神上的现实丰富性完全取决于他的现实关系的丰富性,根据上面的叙述,这已经很清楚了。只有这样,单个人才能摆脱种种民族局限和地域局限而同整个世界的生产(也同精神的生产)发生实际联系,才能获得利用全球的这种全面的生产(人们的创造)的能力。各个人的**全面的**依存关系、他们的这种自然形成的**世界历史**

① 马克思加了边注:"**关于意识的生产**"。——编者注

性的共同活动的最初形式，由于这种共产主义革命而转化为对下述力量的控制和自觉的驾驭，这些力量本来是由人们的相互作用产生的，但是迄今为止对他们来说都作为完全异己的力量威慑和驾驭着他们。这种观点仍然可以用思辨的、观念的方式，也就是用幻想的方式解释为“类的自我产生”（“作为主体的社会”），从而把所有前后相继、彼此相联的个人想象为从事自我产生这种神秘活动的唯一的个人。这里很明显，尽管人们在肉体上和精神上**互相**创造着，但是他们既不像圣布鲁诺胡说的那样，也不像“唯一者”、“被创造的”人那样创造自己本身。

最后，我们从上面所阐述的历史观中还可以得出以下的结论：（1）生产力在其发展的过程中达到这样的阶段，在这个阶段上产生出来的生产力和交往手段在现存关系下只能造成灾难，这种生产力已经不是生产的力量，而是破坏的力量（机器和货币）。与此同时还产生了一个阶级，它必须承担社会的一切重负，而不能享受社会的福利，它被排斥于社会之外，因而不得不同其他一切阶级发生最激烈的对立；这个阶级构成了全体社会成员中的大多数，从这个阶级中产生出必须实行彻底革命的意识，即共产主义的意识，这种意识当然也可以在其他阶级中形成，只要它们认识到这个阶级的状况；（2）那些使一定的生产力能够得到利用的条件，是社会的一定阶级实行统治的条件，这个阶级的由其财产状况产生的社会权力，每一次都在相应的国家形式中获得**实践的**观念的表现，因此一切革命斗争都是针对在此以前实行统治的阶级的①；（3）迄今为

① 马克思加了边注：“这些人所关心的是维持现在的生产状况”。——编者注

止的一切革命始终没有触动活动的性质,始终不过是按另外的方式分配这种活动,不过是在另一些人中间重新分配劳动,而共产主义革命则针对活动迄今具有的**性质**,消灭**劳动**①,并消灭任何阶级的统治以及这些阶级本身,因为完成这个革命的是这样一个阶级,它在社会上已经不算是一个阶级,它已经不被承认是一个阶级,它已经成为现今社会的一切阶级、民族等等的解体的表现;(4)无论为了使这种共产主义意识普遍地产生还是为了实现事业本身,使人们普遍地发生变化是必需的,这种变化只有在实际运动中,在**革命**中才有可能实现;因此,革命之所以必需,不仅是因为没有任何其他的办法能够推翻**统治**阶级,而且还因为**推翻**统治阶级的那个阶级,只有在革命中才能抛掉自己身上的一切陈旧的肮脏东西,才能胜任重建社会的工作。②

① 手稿中删去以下这句话:"消灭在……统治下活动的现代形式"。马克思在这里所说的"消灭劳动",是指消灭资本主义私有制统治下的异化劳动。关于这种说法的含义,并见本书第64—67、73—77页。关于异化劳动,可参看马克思《1844年经济学哲学手稿》(见《马克思恩格斯文集》第1卷第155—170页)。——编者注

② 手稿中删去以下这段话:"至于谈到革命的这种必要性,所有的共产主义者,不论是法国的、英国的或德国的,早就一致同意了,而圣布鲁诺却继续心安理得地幻想,认为'现实的人道主义'即共产主义所以取代'唯灵论的地位'(唯灵论根本没有什么地位)只是为了赢得崇敬。他继续幻想:那时候'灵魂将得救,人间将成为天国,天国将成为人间。'(神学家总是念念不忘天国)'那时候欢乐和幸福将要永世高奏天国的和谐曲'(第140页)**14**。当末日审判——这一切都要在这一天发生,燃烧着的城市火光在天空的映照将是这一天的朝霞——突然来临的时候,当耳边响起由这种'天国的和谐曲'传出的有炮声为之伴奏、有断头台为之击节的《马赛曲》和《卡马尼奥拉曲》旋律的时候;当卑贱的'群众'高唱着 ça ira,ça ira 并把'自我意识'吊在路灯柱上**15**的时候,

由此可见，这种历史观就在于：从直接生活的物质生产出发阐述现实的生产过程，把同这种生产方式相联系的、它所产生的交往形式即各个不同阶段上的市民社会理解为整个历史的基础，从市民社会作为国家的活动描述市民社会，同时从市民社会出发阐明意识的所有各种不同的理论产物和形式，如宗教、哲学、道德等等，而且追溯它们产生的过程。这样做当然就能够完整地描述事物了（因而也能够描述事物的这些不同方面之间的相互作用）。① 这种历史观和唯心主义历史观不同，它不是在每个时代中寻找某种范畴，而是始终站在现实历史的**基础**上，不是从观念出发来解释实践，而是从物质实践出发来解释各种观念形态，由此也就得出下述结论：意识的一切形式和产物不是可以通过精神的批判来消灭的，不是可以通过把它们消融在"自我意识"中或化为"怪影"、"幽灵"、"怪想"②等等来消灭的，而只有通过实际地推翻这一切唯心主义谬论所由产生的现实的社会关系，才能把它们消灭；历史的动力以及宗教、哲学和任何其他理论的动力是革命，而不是批判。这

我们这位神圣的教父将会大吃一惊。圣布鲁诺毫无根据地为自己描绘了一幅'永世欢乐和幸福'的振奋人心的图画。'费尔巴哈的爱的宗教的追随者'对这种'欢乐和幸福'似乎有独特的想法，他们在谈到革命的时候，强调的是与'天国的和谐曲'截然不同的东西。我们没有兴致来事先构想圣布鲁诺在末日审判这一天的行为。至于应当把进行革命的无产者了解为反抗自我意识的'实体'或想要推翻批判的'群众'，还是了解为还没有足够的浓度来消化鲍威尔思想的一种精神'流出体'，这个问题也确实难以解决。"——编者注

① 马克思加了边注："**费尔巴哈**"。——编者注

② 麦·施蒂纳《唯一者及其所有物》（1845 年莱比锡版）一书中的用语。——编者注

种观点表明:历史不是作为“源于精神的精神”消融在“自我意识”①中而告终的,历史的每一阶段都遇到一定的物质结果,一定的生产力总和,人对自然以及个人之间历史地形成的关系,都遇到前一代传给后一代的大量生产力、资金和环境,尽管一方面这些生产力、资金和环境为新的一代所改变,但另一方面,它们也预先规定新的一代本身的生活条件,使它得到一定的发展和具有特殊的性质。由此可见,这种观点表明:人创造环境,同样,环境也创造人。每个个人和每一代所遇到的现成的东西:生产力、资金和社会交往形式的总和,是哲学家们想象为“实体”和“人的本质”的东西的现实基础,是他们加以神化并与之斗争的东西的现实基础,这种基础尽管遭到以“自我意识”和“唯一者”的身份出现的哲学家们的反抗,但它对人们的发展所起的作用和影响却丝毫也不因此而受到干扰。各代所遇到的这些生活条件还决定着这样的情况:历史上周期性地重演的革命动荡是否强大到足以摧毁现存一切的基础;如果还没有具备这些实行全面变革的物质因素,就是说,一方面还没有一定的生产力,另一方面还没有形成不仅反抗旧社会的个别条件,而且反抗旧的“生活生产”本身、反抗旧社会所依据的“总和活动”的革命群众,那么,正如共产主义的历史所证明的,尽管这种变革的**观念**已经表述过千百次,但这对于实际发展没有任何意义。

迄今为止的一切历史观不是完全忽视了历史的这一现实基础,就是把它仅仅看成与历史进程没有任何联系的附带因素。因此,历史总是遵照在它之外的某种尺度来编写的;现实的生活生产被看成是某种非历史的东西,而历史的东西则被看成是某种脱离

① 布·鲍威尔《评路德维希·费尔巴哈》一文中的用语。——编者注

日常生活的东西,某种处于世界之外和超乎世界之上的东西。这样,就把人对自然界的关系从历史中排除出去了,因而造成了自然界和历史之间的对立。因此,这种历史观只能在历史上看到重大政治历史事件,看到宗教的和一般理论的斗争,而且在每次描述某一历史时代的时候,它都不得不赞同**这一时代的幻想**。例如,某一时代想象自己是由纯粹"政治的"或"宗教的"动因所决定的——尽管"宗教"和"政治"只是时代的现实动因的形式——,那么它的历史编纂学家就会接受这个意见。这些特定的人关于自己的真正实践的"想象"、"观念"变成了一种支配和决定这些人的实践的唯一起决定作用的和积极的力量。印度人和埃及人借以实现分工的粗陋形式在这些民族的国家和宗教中产生了种姓制度[16],于是历史学家就以为种姓制度是产生这种粗陋的社会形式的力量。法国人和英国人至少抱着一种毕竟是同现实最接近的政治幻想,而德国人却在"纯粹精神"的领域中兜圈子,把宗教幻想推崇为历史的动力。黑格尔的历史哲学是整个这种德国历史编纂学的最终的、达到自己"最纯粹的表现"的成果。对于**德国**历史编纂学来说,问题完全不在于现实的利益,甚至不在于政治的利益,而在于纯粹的思想。这种历史哲学后来在圣布鲁诺看来也一定是一连串的"思想",其中一个吞噬一个,最终消失于"自我意识"中。圣麦克斯·施蒂纳更加彻底,他对全部现实的历史一窍不通,他认为历史进程必定只是"骑士"、强盗和幽灵的历史,他当然只有借助于"不信神"才能摆脱这种历史的幻觉而得救。① 这种观点实际上是宗教

① 马克思加了边注:"所谓**客观的**历史编纂学正是脱离活动来考察历史关系。反动的性质。"——编者注

的观点:它把宗教的人假设为全部历史起点的原人,它在自己的想象中用宗教的幻想生产代替生活资料和生活本身的现实生产。整个这样的历史观及其解体和由此产生的怀疑和顾虑,仅仅是德国人**本民族的**事情,而且对德国来说也只有**地域性**的意义。例如,近来不断讨论着如何能够"从神的王国进入人的王国"①这样一个重要问题,似乎这个"神的王国"不是存在于想象之中,而是存在于其他什么地方;似乎那些学识渊博的先生们不是一直生活在——他们自己并不知道——他们目前正在寻找途径以求到达的那个"人的王国"之中;似乎这种科学的娱乐——这确实只是一种娱乐——就在于去说明这个理论上的空中楼阁多么奇妙,而不是相反,去证明这种空中楼阁是从现实的尘世关系中产生的。通常这些德国人总是只关心把既有的一切无意义的论调变为某种别的胡说八道,就是说,他们假定,所有这些无意义的论调都具有某种需要揭示的特殊**意义**,其实全部问题只在于从现存的现实关系出发来说明这些理论词句。如前所说,要真正地、实际地消灭这些词句,从人们意识中消除这些观念,就要靠改变了的环境而不是靠理论上的演绎来实现。对于人民大众即无产阶级来说,这些理论观念并不存在,因而也不用去消灭它们。如果这些群众曾经有过某些理论观念,如宗教,那么现在这些观念也早已被环境消灭了。

上述问题及其解决方法所具有的纯粹民族的性质还表现在:这些理论家们郑重其事地认为,像"神人"、"人"等这类幻象,支配着各个历史时代;圣布鲁诺甚至断言:只有"批判和批判者创造了历史"②。

① 路·费尔巴哈《因〈唯一者及其所有物〉而论〈基督教的本质〉》,载于1845年《维干德季刊》第2卷。——编者注

② 布·鲍威尔《评路德维希·费尔巴哈》一文中的用语。——编者注

而当这些理论家亲自虚构历史时，他们会急匆匆地越过先前的一切，一下子从“蒙古人时代”①转到真正“内容丰富的”历史，即《哈雷年鉴》和《德国年鉴》[17]的历史，转到黑格尔学派在普遍争吵中解体的历史。所有其他民族和所有现实事件都被遗忘了，世界舞台局限于莱比锡的书市，局限于“批判”、“人”和“唯一者”②的相互争吵。或许这些理论家有朝一日会着手探讨真正的历史主题，例如18世纪，那时他们也只是提供观念的历史，这种历史是和构成这些观念的基础的事实和实际发展过程脱离的，而他们阐述这种历史的意图也只是把所考察的时代描绘成在真正的历史时代即1840—1844年德国哲学斗争时代到来之前的一个不完善的预备阶段、尚有局限性的前奏时期。他们抱的目的是为了使某个非历史性人物及其幻想流芳百世而编写前期的历史，与这一目的相适应的是：他们根本不提一切真正历史的事件，甚至不提政治对历史进程的真正历史性的干预，为此他们的叙述不是以研究而是以虚构和文学闲篇为根据，如像圣布鲁诺在他那本已被人遗忘的《18世纪的历史》一书③中所做的那样。这些唱高调、爱吹嘘的思想贩子以为他们无限地超越于任何民族偏见之上，其实他们比梦想德国统一的啤酒店庸人带有更多的民族偏见。他们根本不承认其他民族的业绩是历史性的；他们生活在德国，依靠德国和为着德国而生活；他们把莱茵之歌[18]变为圣歌并征服阿尔萨斯和洛林，其办法不是剽窃法兰西国家，而是剽窃法兰西哲学，不是把法兰西省份德

① 麦·施蒂纳《唯一者及其所有物》一书中的用语。——编者注

② 即布·鲍威尔、路·费尔巴哈和麦·施蒂纳。——编者注

③ 布·鲍威尔《18世纪政治、文化和启蒙的历史》1843—1845年夏洛滕堡版第1—2卷。——编者注

国化,而是把法兰西思想德国化。费奈迭先生,同打着理论的世界统治这面旗帜而宣布德国的世界统治的圣布鲁诺和圣麦克斯相比较,是一个世界主义者。

从这些分析中还可以看出,费尔巴哈是多么错误,他(《维干德季刊》[19] 1845 年第 2 卷①)竟借助于“共同人”这一规定宣称自己是共产主义者,把这一规定变成“**人**”的谓词,以为这样一来又可以把表达现存世界中特定革命政党的拥护者的“共产主义者”一词变成一个空洞范畴。[20]费尔巴哈关于人与人之间的关系的全部推论无非是要证明:人们是互相需要的,而且**过去一直**是互相**需要**的。他希望确立对这一事实的理解,也就是说,和其他的理论家一样,他只是希望确立对**现存的**事实的正确理解,然而一个真正的共产主义者的任务却在于推翻这种现存的东西。不过,我们完全承认,费尔巴哈在力图理解**这一**事实的时候,达到了理论家一般所能达到的地步,他还是一位理论家和哲学家。然而值得注意的是:圣布鲁诺和圣麦克斯立即用费尔巴哈关于共产主义者的观念来代替真正的共产主义者,这样做的目的多少是为了使他们能够像同“源于精神的精神”、同哲学范畴、同势均力敌的对手作斗争那样来同共产主义作斗争,而就圣布鲁诺来说,这样做也还是为了实际的利益。我们举出《未来哲学》中的一个地方作为例子,来说明费尔巴哈既承认现存的东西同时又不了解现存的东西,这一点始终是费尔巴哈和我们的对手的共同之点。费尔巴哈在那里阐述道:某物或某人的存在同时也就是某物或某人的本质;一个动物或一

① 该刊发表了路·费尔巴哈《因〈唯一者及其所有物〉而论〈基督教的本质〉》一文。——编者注

个人的一定生存条件、生活方式和活动，就是使这个动物或这个人的“本质”感到满意的东西。[21]任何例外在这里都被肯定地看做是不幸的偶然事件，是不能改变的反常现象。这样说来，如果千百万无产者根本不满意他们的生活条件，如果他们的“存在”同他们的“本质”完全不符合，那么，根据上述论点，这是不可避免的不幸，应当平心静气地忍受这种不幸。可是，这千百万无产者或共产主义者所想的完全不一样，而且这一点他们将在适当时候，在实践中，即通过革命使自己的“存在”同自己的“本质”协调一致的时候予以证明。因此，在这样的场合费尔巴哈从来不谈人的世界，而是每次都求救于外部自然界，而且是**那个**尚未置于人的统治之下的自然界。但是，每当有了一项新的发明，每当工业前进一步，就有一块新的地盘从这个领域划出去，而能用来说明费尔巴哈这类论点的事例借以产生的基地，也就越来越小了。现在我们只来谈谈其中的一个论点：鱼的“本质”是它的“存在”，即水。河鱼的“本质”是河水。但是，一旦这条河归工业支配，一旦它被染料和其他废料污染，成为轮船行驶的航道，一旦河水被引入水渠，而水渠的水只要简单地排放出去就会使鱼失去生存环境，那么这条河的水就不再是鱼的“本质”了，对鱼来说它将不再是适合生存的环境了。把所有这类矛盾宣布为不可避免的反常现象，实质上，同圣麦克斯·施蒂纳对不满者的安抚之词没有区别，施蒂纳说，这种矛盾是他们自己的矛盾，这种恶劣环境是他们自己的恶劣环境，而且他们可以安于这种环境，或者忍住自己的不满，或者以幻想的方式去反抗这种环境。同样，这同圣布鲁诺的责难也没有区别，布鲁诺说，这些不幸情况的发生是由于那些当事人陷入“实体”这堆粪便之中，他们没有达到“绝对自我意识”，也没有认清这些恶劣关系是源于自己精神的精神。①

[III]

统治阶级的思想在每一时代都是占统治地位的思想。这就是说,一个阶级是社会上占统治地位的**物质**力量,同时也是社会上占统治地位的**精神**力量。支配着物质生产资料的阶级,同时也支配着精神生产资料,因此,那些没有精神生产资料的人的思想,一般地是隶属于这个阶级的。占统治地位的思想不过是占统治地位的物质关系在观念上的表现,不过是以思想的形式表现出来的占统治地位的物质关系;因而,这就是那些使某一个阶级成为统治阶级的关系在观念上的表现,因而这也就是这个阶级的统治的思想。此外,构成统治阶级的各个个人也都具有意识,因而他们也会思维;既然他们作为一个阶级进行统治,并且决定着某一历史时代的整个面貌,那么,不言而喻,他们在这个历史时代的一切领域中也会这样做,就是说,他们还作为思维着的人,作为思想的生产者进行统治,他们调节着自己时代的思想的生产和分配;而这就意味着他们的思想是一个时代的占统治地位的思想。例如,在某一国家的某个时期,王权、贵族和资产阶级为夺取统治而争斗,因而,在那里统治是分享的,那里占统治地位的思想就会是关于分权的学说,于是分权就被宣布为"永恒的规律"。

我们在上面(第[27—30]页)已经说明分工是迄今为止历史的主要力量之一,现在,分工也以精神劳动和物质劳动的分工的形

① 布·鲍威尔《评路德维希·费尔巴哈》。——编者注

式在统治阶级中间表现出来,因此在这个阶级内部,一部分人是作为该阶级的思想家出现的,他们是这一阶级的积极的、有概括能力的意识形态家,他们把编造这一阶级关于自身的幻想当做主要的谋生之道,而另一些人对于这些思想和幻想则采取比较消极的态度,并且准备接受这些思想和幻想,因为在实际中他们是这个阶级的积极成员,并且很少有时间来编造关于自身的幻想和思想。在这一阶级内部,这种分裂甚至可以发展成为这两部分人之间的某种程度的对立和敌视,但是一旦发生任何实际冲突,即当这一阶级本身受到威胁的时候,当占统治地位的思想好像不是统治阶级的思想而且这种思想好像拥有与这一阶级的权力不同的权力这种假象也趋于消失的时候,这种对立和敌视便会自行消失。一定时代的革命思想的存在是以革命阶级的存在为前提的,关于这个革命阶级的前提所必须讲的,在前面(第[29—32,35—36]页)已经讲过了。

然而,在考察历史进程时,如果把统治阶级的思想和统治阶级本身分割开来,使这些思想独立化,如果不顾生产这些思想的条件和它们的生产者而硬说该时代占统治地位的是这些或那些思想,也就是说,如果完全不考虑这些思想的基础——个人和历史环境,那就可以这样说:例如,在贵族统治时期占统治地位的概念是荣誉、忠诚,等等,而在资产阶级统治时期占统治地位的概念则是自由、平等,等等。一般说来,统治阶级总是自己为自己编造出诸如此类的幻想。所有的历史编纂学家,主要是18世纪以来的历史编纂学家所共有的这种历史观,必然会碰到这样一种现象:占统治地位的将是越来越抽象的思想,即越来越具有普遍性形式的思想。因为每一个企图取代旧统治阶级的新阶级,为了达到自己的目的不得不把自己的利益说成是社会全体成员的共同利益,就是说,这在观念上的表达就是:赋予自己的思想以普遍性的形式,把它们描绘成唯一合乎理性的、有普遍意义的思想。进行革命的阶级,仅就它对抗另一个**阶级**而言,从一开始就不是作为一个阶级,而是作为全社会的代表出现的;它以社会全体群众的姿态反对唯一的统治阶级①。它之所以能这样做,是因为它的利益在开始时的确同其余一切非统治阶级的共同利益还有更多的联系,在当时存在的那些关系的压力下还不能够发展为特殊阶级的特殊利益。因此,这一阶级的胜利对于其他未能争得统治地位的阶级中的许多个人来说也是有利的,但这只是就这种胜利使这些个人现在有可能升入统治阶级而言。当法国资产阶级推翻了贵族的统治之后,它使许多无产者有可能升到无产阶级之上,但是只有当他们变成资产者的时候才达到这一点。由此可见,每一个新阶级赖以实现自己统治的基础,总比它以前的统治阶级所依赖的基础要宽广一些;可是后来,非统治阶级和正在进行统治的阶级之间的对立也发展得更尖锐和更深刻。这两种情况使得非统治阶级反对新统治阶级的斗争在否定旧社会制度方面,又要比过去一切争得统治的阶级所作的斗争更加坚决、更加彻底。

只要阶级的统治完全不再是社会制度的形式,也就是说,只要不再有必要把特殊利益说成是普遍利益,或者把“普遍的东西”说成是占统治地位的东西,那么,一定阶级的统治似乎只是某种思想的统治这整个假象当然就会自行消失。

---

① 马克思加了边注:“(普遍性符合于:(1)与等级相对的阶级;(2)竞争、世界交往等等;(3)统治阶级的人数众多;(4)**共同**利益的幻想,起初这种幻想是真实的;(5)意识形态家的欺骗与分工。)”——编者注

把占统治地位的思想同进行统治的个人分割开来，主要是同生产方式的一定阶段所产生的各种关系分割开来，并由此得出结论说，历史上始终是思想占统治地位，这样一来，就很容易从这些不同的思想中抽象出“**思想**”、观念等等，并把它们当做历史上占统治地位的东西，从而把所有这些个别的思想和概念说成是历史上发展着的**概念**的“自我规定”。在这种情况下，从人的概念、想象中的人、人的本质、**人**中能引申出人们的一切关系，也就很自然了。思辨哲学就是这样做的。黑格尔本人在《历史哲学》的结尾承认，他“所考察的仅仅是**概念**的前进运动”，他在历史方面描述了“真正的**神正论**”(第446页)。①　这样一来，就可以重新回复到“概念”的生产者，回复到理论家、意识形态家和哲学家，并得出结论说：哲学家、思维着的人本身自古以来就是在历史上占统治地位的。这个结论，如我们所看到的，早就由黑格尔表述过了。这样，证明精神在历史上的最高统治(施蒂纳的教阶制)的全部戏法，可以归结为以下三个手段：

第一，必须把进行统治的个人——而且是由于种种经验的原因、在经验的条件下和作为物质的个人进行统治的个人——的思想同这些进行统治的个人本身分割开来，从而承认思想或幻想在历史上的统治。

第二，必须使这种思想统治具有某种秩序，必须证明，在一个个相继出现的占统治地位的思想之间存在着某种神秘的联系，而要做到这一点，就得把这些思想看做是“概念的自我规定”(所以

① 黑格尔《历史哲学讲演录》1837年柏林版(《黑格尔全集》第9卷)。——编者注

能这样做,是因为这些思想凭借自己的经验的基础,彼此确实是联系在一起的,还因为它们被**仅仅**当做思想来看待,因而就变成自我差别,变成由思维产生的差别)。

第三,为了消除这种"自我规定着的概念"的神秘外观,便把它变成某种人物——"自我意识";或者,为了表明自己是真正的唯物主义者,又把它变成在历史上代表着"概念"的许多人物——"思维着的人"、"哲学家"、意识形态家,而这些人又被看做是历史的制造者、"监护人会议"、统治者①。这样一来,就把一切唯物主义的因素从历史上消除了,就可以任凭自己的思辨之马自由奔驰了。

要说明这种曾经在德国占统治地位的历史方法,以及说明它为什么主要在德国占统治地位的原因,就必须从它与一切意识形态家的幻想,例如,与法学家、政治家(包括实际的国务活动家)的幻想的联系出发,必须从这些家伙的独断的玄想和曲解出发。而从他们的实际生活状况、他们的职业和分工出发,是很容易说明这些幻想、玄想和曲解的。

在日常生活中任何一个小店主都能精明地判别某人的假貌和真相,然而我们的历史编纂学却还没有获得这种平凡的认识,不论每一时代关于自己说了些什么和想象了些什么,它都一概相信。

[Ⅳ]

[……]②从前者产生了发达分工和广泛贸易的前提,从后者

① 马克思加了边注:"**人**='思维着的人的精神'"。——编者注
② 这里缺四页手稿。——编者注

产生了地域局限性。在前一种情况下，各个人必须聚集在一起，在后一种情况下，他们本身已作为生产工具而与现有的生产工具并列在一起。因此，这里出现了自然形成的生产工具和由文明创造的生产工具之间的差异。**耕地**（水，等等）可以看做是自然形成的生产工具。在前一种情况下，即在自然形成的生产工具的情况下，各个人受自然界的支配，在后一种情况下，他们受劳动产品的支配。因此在前一种情况下，财产（地产）也表现为直接的、自然形成的统治，而在后一种情况下，则表现为劳动的统治，特别是积累起来的劳动即资本的统治。前一种情况的前提是，各个人通过某种联系——家庭、部落或者甚至是土地本身，等等——结合在一起；后一种情况的前提是，各个人互不依赖，仅仅通过交换集合在一起。在前一种情况下，交换主要是人和自然之间的交换，即以人的劳动换取自然的产品，而在后一种情况下，主要是人与人之间进行的交换。在前一种情况下，只要具备普通常识就够了，体力活动和脑力活动彼此还完全没有分开；而在后一种情况下，脑力劳动和体力劳动之间实际上应该已经实行分工。在前一种情况下，所有者对非所有者的统治可以依靠个人关系，依靠这种或那种形式的共同体；在后一种情况下，这种统治必须采取物的形式，通过某种第三者，即通过货币。在前一种情况下，存在着小工业，但这种工业决定于自然形成的生产工具的使用，因此这里没有不同的个人之间的分工；在后一种情况下，工业只有在分工的基础上和依靠分工才能存在。

到现在为止我们都是以生产工具为出发点，这里已经表明，对于工业发展的一定阶段来说，私有制是必要的。在采掘工业中私有制和劳动还是完全一致的；在小工业以及到目前为止的整个农业中,所有制是现存生产工具的必然结果;在大工业中,生产工具和私有制之间的矛盾才是大工业的产物,这种矛盾只有在大工业高度发达的情况下才会产生。因此,只有随着大工业的发展才有可能消灭私有制。

物质劳动和精神劳动的最大的一次分工,就是城市和乡村的分离。城乡之间的对立是随着野蛮向文明的过渡、部落制度向国家的过渡、地域局限性向民族的过渡而开始的,它贯穿着文明的全部历史直至现在(反谷物法同盟[22])。——随着城市的出现,必然要有行政机关、警察、赋税等等,一句话,必然要有公共机构,从而也就必然要有一般政治。在这里,居民第一次划分为两大阶级,这种划分直接以分工和生产工具为基础。城市已经表明了人口、生产工具、资本、享受和需求的集中这个事实;而在乡村则是完全相反的情况:隔绝和分散。城乡之间的对立只有在私有制的范围内才能存在。城乡之间的对立是个人屈从于分工、屈从于他被迫从事的某种活动的最鲜明的反映,这种屈从把一部分人变为受局限的城市动物,把另一部分人变为受局限的乡村动物,并且每天都重新产生二者利益之间的对立。在这里,劳动仍然是最主要的,是**凌驾于**个人之上的力量;只要这种力量还存在,私有制也就必然会存在下去。消灭城乡之间的对立,是共同体的首要条件之一,这个条件又取决于许多物质前提,而且任何人一看就知道,这个条件单靠意志是不能实现的(这些条件还须详加探讨)。城市和乡村的分离还可以看做是资本和地产的分离,看做是资本不依赖于地产而存在和发展的开始,也就是仅仅以劳动和交换为基础的所有制的开始。

在中世纪，有一些城市不是从前期历史中现成地继承下来的，而是由获得自由的农奴重新建立起来的。在这些城市里，每个人的唯一财产，除开他随身带着的几乎全是最必需的手工劳动工具构成的那一点点资本之外，就只有他的特殊的劳动。不断流入城市的逃亡农奴的竞争；乡村反对城市的连绵不断的战争，以及由此产生的组织城市武装力量的必要性；共同占有某种手艺而形成的联系；在手工业者同时又是商人的时期，必须有在公共场所出卖自己的商品以及与此相联的禁止外人进入这些场所的规定；各手工业间利益的对立；保护辛苦学来的手艺的必要性；全国性的封建组织，——所有这些都是各行各业的手艺人联合为行会的原因。这里我们不打算详细地谈论以后历史发展所引起的行会制度的多种变化。在整个中世纪，农奴不断地逃入城市。这些在乡村遭到自己主人迫害的农奴是只身流入城市的，他们在这里遇见了有组织的团体，对于这种团体他们是没有力量反对的，在它的范围内，他们只好屈从于由他们那些有组织的城市竞争者对他们劳动的需要以及由这些竞争者的利益所决定的处境。这些只身流入城市的劳动者根本不可能成为一种力量，因为，如果他们的劳动带有行会的性质并需要培训，那么行会师傅就会使他们从属于自己，并按照自己的利益来组织他们；或者，如果这种劳动不需要培训，因而不是行会劳动，而是短工，那么劳动者就根本组织不起来，始终是无组织的平民。城市对短工的需要造成了平民。

这些城市是真正的“联盟”[23]，这些“联盟”的产生是由于直接的需要，由于对保护财产、增加各成员的生产资料和防卫手段的关心。这些城市的平民是毫无力量的，因为他们都是只身流入城市的彼此素不相识的个人，他们无组织地同有组织、有武装配备并用忌妒的眼光监视着他们的力量相抗衡。每一行业中的帮工和学徒都以最适合于师傅利益的方式组织起来;他们和师傅之间的宗法关系使师傅具有双重力量:第一,师傅对帮工的全部生活有直接的影响;第二,帮工在同一师傅手下做工,对这些帮工来说这是一根真正的纽带,它使这些帮工联合起来反对其他师傅手下的帮工,并同他们分隔开来;最后,帮工由于自己也想成为师傅而与现存制度结合在一起了。因此,平民至少还举行暴动来反对整个城市制度,不过由于他们软弱无力而没有任何结果,而帮工们只在个别行会内搞一些与行会制度本身的存在有关的小冲突。中世纪所有的大规模起义都是从乡村爆发起来的,但是由于农民的分散性以及由此而来的不成熟,这些起义也毫无结果。[24]

这些城市中的资本是自然形成的资本;它是由住房、手工劳动工具和自然形成的世代相袭的主顾组成的,并且由于交往不发达和流通不充分而没有实现的可能,只好父传子,子传孙。这种资本和现代资本不同,它不是以货币计算的资本——用货币计算,资本体现为哪一种物品都一样——,而是直接同占有者的特定的劳动联系在一起、同它完全不可分割的资本,因此就这一点来说,它是**等级**资本。

在城市中各行会之间的分工还是非常少的,而在行会内部,各劳动者之间则根本没有什么分工。每个劳动者都必须熟悉全部工序,凡是用他的工具能够做的一切,他必须都会做;各城市之间的有限交往和少量联系、居民稀少和需求有限,都妨碍了分工的进一步发展,因此,每一个想当师傅的人都必须全盘掌握本行手艺。正因为如此,中世纪的手工业者对于本行专业劳动和熟练技巧还是有兴趣的,这种兴趣可以升华为某种有限的艺术感。然而也是由于这个原因,中世纪的每一个手工业者对自己的工作都是兢兢业业,安于奴隶般的关系,因而他们对工作的屈从程度远远超过对本身工作漠不关心的现代工人。

分工的进一步扩大是生产和交往的分离,是商人这一特殊阶级的形成。这种分离在随历史保存下来的城市(其中有住有犹太人的城市)里被继承下来,并很快就在新兴的城市中出现了。这样就产生了同邻近地区以外的地区建立贸易联系的可能性,这种可能性之变为现实,取决于现有的交通工具的情况,取决于政治关系所决定的沿途社会治安状况(大家知道,整个中世纪,商人都是结成武装商队行动的)以及取决于交往所及地区内相应的文化水平所决定的比较粗陋或比较发达的需求。

随着交往集中在一个特殊阶级手里,随着商人所促成的同城市近郊以外地区的通商的扩大,在生产和交往之间也立即发生了相互作用。城市**彼此**建立了联系,新的劳动工具从一个城市运往另一个城市,生产和交往之间的分工随即引起了各城市之间在生产上的新的分工,不久每一个城市都设立一个占优势的工业部门。最初的地域局限性开始逐渐消失。

某一个地域创造出来的生产力,特别是发明,在往后的发展中是否会失传,完全取决于交往扩展的情况。当交往只限于毗邻地区的时候,每一种发明在每一个地域都必须单独进行;一些纯粹偶然的事件,例如蛮族的入侵,甚至是通常的战争,都足以使一个具有发达生产力和有高度需求的国家陷入一切都必须从头开始的境地。在历史发展的最初阶段,每天都在重新发明,而且每个地域都是独立进行的。发达的生产力,即使在通商相当广泛的情况下,也难免遭到彻底的毁灭。关于这一点,腓尼基人的例子就可以说明。

由于这个民族被排挤于商业之外,由于他们被亚历山大征服以及继之而来的衰落,他们的大部分发明都长期失传了。再如中世纪的玻璃绘画术也有同样的遭遇。只有当交往成为世界交往并且以大工业为基础的时候,只有当一切民族都卷入竞争斗争的时候,保持已创造出来的生产力才有了保障。

不同城市之间的分工的直接结果就是工场手工业的产生,即超出行会制度范围的生产部门的产生。工场手工业的初期繁荣——先是在意大利,然后是在佛兰德——的历史前提,是同外国各民族的交往。在其他国家,例如在英国和法国,工场手工业最初只限于国内市场。除上述前提外,工场手工业还以人口特别是乡村人口的不断集中和资本的不断积聚为前提。资本开始积聚到个人手里,一部分违反行会法规积聚到行会中,一部分积聚到商人手里。

那种一开始就以机器,尽管还是以具有最粗陋形式的机器为前提的劳动,很快就显出它是最有发展能力的。过去农民为了得到自己必需的衣着而在乡村中附带从事的织布业,是由于交往的扩大才获得了动力并得到进一步发展的第一种劳动。织布业是最早的工场手工业,而且一直是最主要的工场手工业。随着人口增长而增长的对衣料的需求,由于流通加速而开始的自然形成的资本的积累和运用,以及由此引起的并由于交往逐渐扩大而日益增长的对奢侈品的需求,——所有这一切都推动了织布业在数量上和质量上的发展,使它脱离了旧有的生产形式。除了为自身需要而一直在继续从事纺织的农民外,在城市里产生了一个新的织工阶级,他们所生产的布匹被用来供应整个国内市场,通常还供应国外市场。

织布是一种多半不需要很高技能并很快就分化成无数部门的

劳动,由于自己的整个特性,它抵制行会的束缚。因此,织布业多半在没有行会组织的乡村和小市镇上经营,这些地方逐渐变为城市,而且很快就成为每个国家最繁荣的城市。

随着摆脱了行会束缚的工场手工业的出现,所有制关系也立即发生了变化。越过自然形成的等级资本而向前迈出的第一步,是由商人的出现所促成的,商人的资本一开始就是活动的,如果针对当时的情况来讲,可以说是现代意义上的资本。第二步是随着工场手工业的出现而迈出的,工场手工业又运用了大量自然形成的资本,并且同自然形成的资本的数量比较起来,一般是增加了活动资本的数量。

同时,工场手工业还成了农民摆脱那些不雇用他们或付给他们极低报酬的行会的避难所,就像行会城市过去曾是农民摆脱土地占有者的避难所一样。

随着工场手工业的产生,同时也就开始了一个流浪时期,这个时期的形成是由于:取消了封建侍从,解散了拼凑起来并效忠帝王、镇压其诸侯的军队,改进了农业以及把大量耕地变为牧场。从这里已经可以清楚地看出,这种流浪现象是和封建制度的瓦解密切联系着的。早在 13 世纪就曾出现过的个别类似的流浪时期,只是在 15 世纪末和 16 世纪初才成为普遍而持久的现象。这些流浪者人数非常多,其中单单由英王亨利八世下令绞死的就有 72 000 人,只有付出最大的力量,只有在他们穷得走投无路而且经过长期反抗之后,才能迫使他们去工作。迅速繁荣起来的工场手工业,特别是在英国,渐渐地吸收了他们。

随着工场手工业的出现,各国进入竞争的关系,展开了商业斗争,这种斗争是通过战争、保护关税和各种禁令来进行的,而在过去,各国只要彼此有了联系,就互相进行和平的交易。从此以后商业便具有了政治意义。

随着工场手工业的出现,工人和雇主的关系也发生了变化。在行会中,帮工和师傅之间的宗法关系继续存在,而在工场手工业中,这种关系由工人和资本家之间的金钱关系代替了;在乡村和小城市中,这种关系仍然带有宗法色彩,而在比较大的、真正的工场手工业城市里,则早就失去了几乎全部宗法色彩。

随着美洲和通往东印度的航线的发现,交往扩大了,工场手工业和整个生产运动有了巨大的发展。从那里输入的新产品,特别是进入流通的大量金银完全改变了阶级之间的相互关系,并且沉重地打击了封建土地所有制和劳动者;冒险者的远征,殖民地的开拓,首先是当时市场已经可能扩大为而且日益扩大为世界市场,——所有这一切产生了历史发展的一个新阶段,关于这个阶段的一般情况我们不准备在这里多谈。新发现的土地的殖民地化,又助长了各国之间的商业斗争,因而使这种斗争变得更加广泛和更加残酷了。

商业和工场手工业的扩大,加速了活动资本的积累,而在那些没有受到刺激去扩大生产的行会里,自然形成的资本却始终没有改变,甚至还减少了。商业和工场手工业产生了大资产阶级,而集中在行会里的是小资产阶级,现在它已经不再像过去那样在城市里占统治地位了,而是必须屈从于大商人和工场手工业主的统治①。由此可见,行会一跟工场手工业接触,就衰落下去了。

① 马克思加了边注:“小资产者——中间等级——大资产阶级”。——编者注

在我们所谈到的这个时代里，各国在彼此交往中建立起来的关系具有两种不同的形式。起初，由于流通的金银数量很少，这些金属是禁止出口的；另一方面，工业，即由于必须给不断增长的城市人口提供就业机会而不可或缺的、大部分是从国外引进的工业，没有特权不行，当然，这种特权不仅可以用来对付国内的竞争，而且主要是用来对付国外的竞争。通过这些最初的禁令，地方的行会特权便扩展到全国。关税产生于封建主对其领地上的过往客商所征收的捐税，即客商交的免遭抢劫的买路钱。后来各城市也征收这种捐税，在现代国家出现之后，这种捐税便是国库进款的最方便的手段。

美洲的金银在欧洲市场上的出现，工业的逐步发展，贸易的迅速高涨以及由此引起的不受行会束缚的资产阶级的兴旺发达和货币的活跃流通，——所有这一切都使上述各种措施具有另外的意义。国家日益不可缺少货币，为充实国库起见，它现在仍然禁止输出金银；资产者对此完全满意，因为这些刚刚投入市场的大量货币，成了他们进行投机买卖的主要对象；过去的特权成了政府收入的来源，并且可以用来卖钱；在关税法中有了出口税，这种税只是阻碍了工业的发展，纯粹是以充实国库为目的。

第二个时期开始于 17 世纪中叶，它几乎一直延续到 18 世纪末。商业和航运比那种起次要作用的工场手工业发展得更快；各殖民地开始成为巨大的消费者；各国经过长期的斗争，彼此瓜分了已开辟出来的世界市场。这一时期是从航海条例[25]和殖民地垄断开始的。各国间的竞争尽可能通过关税率、禁令和各种条约来消除，但是归根结底，竞争的斗争还是通过战争（特别是海战）来进行和解决的。最强大的海上强国英国在商业和工场手工业方面都占据优势。这里已经出现商业和工场手工业集中于**一个**国家的现象。

对工场手工业一直是采用保护的办法:在国内市场上实行保护关税,在殖民地市场上实行垄断,而在国外市场上则尽量实行差别关税。本国生产的原料(英国的羊毛和亚麻,法国的丝)的加工受到鼓励,国内出产的原料(英国的羊毛)禁止输出,进口原料的[加工]仍受到歧视或压制(如棉花在英国)。在海上贸易和殖民实力方面占据优势的国家,自然能保证自己的工场手工业在数量和质量上得到最广泛的发展。工场手工业一般离开保护是不行的,因为只要其他国家发生任何最微小的变动都足以使它失去市场而遭到破产。只要在稍微有利的条件下,工场手工业就可以很容易地在某个国家建立起来,正因为这样,它也很容易被破坏。同时,它的经营方式,特别是18世纪在乡村里的经营方式,使它和广大的个人的生活条件结合在一起,以致没有一个国家敢于不顾工场手工业的生存而允许自由竞争。因此,工场手工业就它能够输出自己的产品来说,完全依赖于商业的扩大或收缩,而它对商业的反作用,相对来说是很微小的。这就决定了工场手工业的次要作用和18世纪商人的影响。正是这些商人,特别是船主最迫切地要求国家保护和垄断;诚然,工场手工业主也要求保护并且得到了保护,但是从政治意义上来说,他们始终不如商人。商业城市,特别是沿海城市已达到了一定的文明程度,并带有大资产阶级性质,而在工厂城市里仍然是小资产阶级势力占统治。参看艾金①。18世纪是商业的世纪。平托关于这一点说得很明确:“贸易是本世

① 约·艾金《曼彻斯特市外30—40英里范围内的郊区》1795年伦敦版。——编者注

纪的嗜好。”他还说：“从某个时期开始，人们就只谈论经商、航海和船队了。”①

虽然资本的运动已大大加速了，但相对来说总还是缓慢的。世界市场分割成各个部分，其中每一部分都由单独一个国家来经营；各国之间的竞争的消除；生产本身的不灵活以及刚从最初阶段发展起来的货币制度，——所有这一切都严重地妨碍了流通。这一切造成的结果就是当时一切商人和一切经商方式都具有斤斤计较的卑鄙的小商人习气。当时的商人同工场手工业主，特别是同手工业者比较起来当然是大市民——资产者，但是如果同后一时期的商人和工业家比较起来，他们仍旧是小市民。见亚·斯密②。

这一时期还有这样一些特征：禁止金银外运法令的废除，货币经营业、银行、国债和纸币的产生，股票投机和有价证券投机，各种物品的投机倒把等现象的出现以及整个货币制度的发展。资本又有很大一部分丧失了它原来还带有的那种自然性质。

在17世纪，商业和工场手工业不可阻挡地集中于一个国家——英国。这种集中逐渐地给这个国家创造了相对的世界市场，因而也造成了对这个国家的工场手工业产品的需求，这种需求是旧的工业生产力所不能满足的。这种超过了生产力的需求正是引起中世纪以来私有制发展的第三个时期的动力，它产生了大工业——把自然力用于工业目的，采用机器生产以及实行最广泛的分工。这一新阶段的其他条件——国内的自由竞争，理论力学的

---

① 伊·平托《关于商业忌妒的通讯》，见《关于流通和信用的论文集》1771年阿姆斯特丹版第234、238页。——编者注

② 亚·斯密《国民财富的性质和原因的研究》1776年伦敦版。——编者注

发展(牛顿所完成的力学在 18 世纪的法国和英国都是最普及的科学)等等——在英国都已具备了。(国内的自由竞争到处都必须通过革命的手段争得——英国 1640 年和 1688 年的革命,法国 1789 年的革命。)竞争很快就迫使每一个不愿丧失自己的历史作用的国家为保护自己的工场手工业而采取新的关税措施(旧的关税已无力抵制大工业了),并随即在保护关税之下兴办大工业。尽管有这些保护措施,大工业仍使竞争普遍化了(竞争是实际的贸易自由;保护关税在竞争中只是治标的办法,是贸易自由**范围内**的防卫手段),大工业创造了交通工具和现代的世界市场,控制了商业,把所有的资本都变为工业资本,从而使流通加速(货币制度得到发展)、资本集中。大工业通过普遍的竞争迫使所有个人的全部精力处于高度紧张状态。它尽可能地消灭意识形态、宗教、道德等等,而在它无法做到这一点的地方,它就把它们变成赤裸裸的谎言。它首次开创了世界历史,因为它使每个文明国家以及这些国家中的每一个人的需要的满足都依赖于整个世界,因为它消灭了各国以往自然形成的闭关自守的状态。它使自然科学从属于资本,并使分工丧失了自己自然形成的性质的最后一点假象。它把自然形成的性质一概消灭掉(只要在劳动的范围内有可能做到这一点),它还把所有自然形成的关系变成货币的关系。它建立了现代的大工业城市——它们的出现如雨后春笋——来代替自然形成的城市。凡是它渗入的地方,它就破坏手工业和工业的一切旧阶段。它使城市最终战胜了乡村。它的[……]①是自动体系。[它]①造成了大量的生产力,对于这些生产力来说,私有制成了它们发展的桎

① 此处手稿缺损。——编者注

梏，正如行会成为工场手工业的桎梏、小规模的乡村生产成为日益发展的手工业的桎梏一样。在私有制的统治下，这些生产力只获得了片面的发展，对大多数人来说成了破坏的力量，而许多这样的生产力在私有制下根本得不到利用。一般说来，大工业到处造成了社会各阶级间相同的关系，从而消灭了各民族的特殊性。最后，当每一民族的资产阶级还保持着它的特殊的民族利益的时候，大工业却创造了这样一个阶级，这个阶级在所有的民族中都具有同样的利益，在它那里民族独特性已经消灭，这是一个真正同整个旧世界脱离而同时又与之对立的阶级。大工业不仅使工人对资本家的关系，而且使劳动本身都成为工人不堪忍受的东西。

当然，在一个国家里，大工业不是在一切地域都达到了同样的发展水平。但这并不能阻碍无产阶级的阶级运动，因为大工业产生的无产者领导着这个运动并且引导着所有的群众，还因为没有卷入大工业的工人，被大工业置于比在大工业中做工的工人更糟的生活境遇。同样，大工业发达的国家也影响着那些或多或少是非工业性质的国家，因为那些国家由于世界交往而被卷入普遍竞争的斗争中。

这些不同的形式同时也是劳动组织的形式，从而也是所有制的形式。在每一个时期都发生现存的生产力相结合的现象，因为需求使这种结合成为必要的。

———

生产力和交往形式之间的这种矛盾——正如我们所见到的，它在迄今为止的历史中曾多次发生过，然而并没有威胁交往形式的基础——，每一次都不免要爆发为革命，同时也采取各种附带形式,如冲突的总和,不同阶级之间的冲突,意识的矛盾,思想斗争,政治斗争,等等。从狭隘的观点出发,可以从其中抽出一种附带形式,把它看做是这些革命的基础,而这样做是相当容易的,因为进行这些革命的个人都由于自身的文化水平和所处的历史发展阶段,而对他们自己的活动本身抱有种种幻想。

因此,按照我们的观点,一切历史冲突都根源于生产力和交往形式之间的矛盾。此外,不一定非要等到这种矛盾在某一国家发展到极端尖锐的地步,才导致这个国家内发生冲突。由广泛的国际交往所引起的同工业比较发达的国家的竞争,就足以使工业比较不发达的国家内产生类似的矛盾(例如,英国工业的竞争使德国潜在的无产阶级显露出来了)。

———

尽管竞争把各个人汇集在一起,它却使各个人,不仅使资产者,而且更使无产者彼此孤立起来。因此这会持续很长时间,直到这些个人能够联合起来,更不用说,为了这种联合——如果它不仅仅是地域性的联合——,大工业应当首先创造出必要的手段,即大工业城市和廉价而便利的交通。因此只有经过长期的斗争,才能战胜同这些孤立的、生活在每天都重复产生着孤立状态的条件下的个人相对立的一切有组织的势力。要求相反的东西,就等于要求在这个特定的历史时代不要有竞争,或者说,就等于要求各个人从头脑中抛掉他们作为被孤立的人所无法控制的那些关系。

———

住宅建筑。不言而喻,野蛮人的每一个家庭都有自己的洞穴和茅舍,正如游牧人的每一个家庭都有独自的帐篷一样。这种单个分开的家庭经济由于私有制的进一步发展而成为更加必需的了。在农业民族那里,共同的家庭经济也和共同的耕作一样是不可能的。城市的建造是一大进步。但是,在过去任何时代,消灭单个分开的经济——这是与消灭私有制分不开的——是不可能的,因为还没有具备这样做的物质条件。组织共同的家庭经济的前提是发展机器,利用自然力和许多其他的生产力,例如自来水、煤气照明、蒸汽采暖等,以及消灭城乡之间的[对立]。没有这些条件,共同的经济本身将不会再成为新生产力,将没有任何物质基础,将建立在纯粹的理论基础上,就是说,将是一种纯粹的怪想,只能导致寺院经济。——还可能有什么呢?——这就是城市里的集中和为了各个特定目的而进行的公共房舍(监狱、兵营等)的兴建。不言而喻,消灭单个分开的经济是和消灭家庭分不开的。

(在圣桑乔那里常见的一个说法是:每个人通过国家才完全成其为人①,这实质上等于说,资产者只是资产者这个类的一个标本;这种说法的前提是:资产者这个**阶级**在构成该阶级的个人尚未存在之前就已经存在了。②)

在中世纪,每一城市中的市民为了自卫都不得不联合起来反对农村贵族;商业的扩大和交通道路的开辟,使一些城市了解到有另一些捍卫同样利益、反对同样敌人的城市。从各个城市的许多地域性市民团体中,开始非常缓慢地产生出市民**阶级**。各个市民的生活条件,由于同现存关系相对立并由于这些关系所决定的劳动方式,便成了对他们来说全都是共同的和不以每一个人为转移的条件。市民创造了这些条件,因为他们挣脱了封建的联系;同时

① 麦·施蒂纳《唯一者及其所有物》。——编者注

② 马克思加了边注:"在哲学家们看来,阶级是**预先存在**的"。——编者注

他们又是由这些条件所创造的,因为他们是由自己同既存封建制度的对立所决定的。随着各城市间的联系的产生,这些共同的条件发展为阶级条件。同样的条件、同样的对立、同样的利益,一般说来,也应当在一切地方产生同样的风俗习惯。资产阶级本身开始逐渐地随同自己的生存条件一起发展起来,由于分工,它又重新分裂为各种不同的集团,最后,随着一切现有财产被变为工业资本或商业资本,它吞并了在它以前存在过的一切有财产的阶级①(同时资产阶级把以前存在过的没有财产的阶级的大部分和原先有财产的阶级的一部分变为新的阶级——无产阶级)。单个人所以组成阶级只是因为他们必须为反对另一个阶级进行共同的斗争;此外,他们在竞争中又是相互敌对的。另一方面,阶级对各个人来说又是独立的,因此,这些人可以发现自己的生活条件是预先确定的:各个人的社会地位,从而他们个人的发展是由阶级决定的,他们隶属于阶级。这同单个人隶属于分工是同类的现象,这种现象只有通过消灭私有制和消灭劳动本身才能消除。至于个人隶属于阶级怎样同时发展为隶属于各种各样的观念,等等,我们已经不止一次地指出过了。

个人的这种发展是在历史地前后相继的等级和阶级的共同生存条件下进行的,也是在由此而强加于他们的普遍观念中进行的,如果用**哲学的观点**来考察这种发展,当然就很容易产生这样的臆想:在这些个人中,**类**或**人**得到了发展,或者说这些个人发展了**人**;这种臆想,是对历史的莫大侮辱。这样一来,就可以把各种等级和

① 马克思加了边注:“它首先吞并直接隶属于国家的那些劳动部门,接着又吞并了所有或多或少与意识形态有关的等级”。——编者注

阶级看做是普遍表达方式的一些类别,看做是**类**的一些亚种,看做是**人**的一些发展阶段。

个人隶属于一定阶级这一现象,在那个除了反对统治阶级以外不需要维护任何特殊的阶级利益的阶级形成之前,是不可能消灭的。

个人力量(关系)由于分工而转化为物的力量这一现象,不能靠人们从头脑里抛开关于这一现象的一般观念的办法来消灭,而只能靠个人重新驾驭这些物的力量,靠消灭分工的办法来消灭①。没有共同体,这是不可能实现的。只有在共同体中,个人才能获得全面发展其才能的手段,也就是说,只有在共同体中才可能有个人自由。在过去的种种冒充的共同体中,如在国家等等中,个人自由只是对那些在统治阶级范围内发展的个人来说是存在的,他们之所以有个人自由,只是因为他们是这一阶级的个人。从前各个人联合而成的虚假的共同体,总是相对于各个人而独立的;由于这种共同体是一个阶级反对另一个阶级的联合,因此对于被统治的阶级来说,它不仅是完全虚幻的共同体,而且是新的桎梏。在真正的共同体的条件下,各个人在自己的联合中并通过这种联合获得自己的自由。

各个人的出发点总是他们自己,不过当然是处于既有的历史条件和关系范围之内的自己,而不是意识形态家们所理解的"纯粹的"个人。然而在历史发展的进程中,而且正是由于在分工范围内社会关系的必然独立化,在每一个人的个人生活同他的屈从

---

① 恩格斯加了边注:"(费尔巴哈:存在和本质)"。

路·费尔巴哈在《未来哲学原理》中关于存在和本质的论点,参看本书第42—43页。——编者注

于某一劳动部门以及与之相关的各种条件的生活之间出现了差别。这不应当理解为,似乎像食利者和资本家等等已不再是有个性的个人了,而应当理解为,他们的个性是由非常明确的阶级关系决定和规定的,上述差别只是在他们与另一阶级的对立中才出现,而对他们本身来说,上述差别只是在他们破产之后才产生。在等级中(尤其是在部落中)这种现象还是隐蔽的,例如,贵族总是贵族,平民总是平民,不管他的其他关系如何;这是一种与他的个性不可分割的品质。有个性的个人与阶级的个人的差别,个人生活条件的偶然性,只是随着那本身是资产阶级产物的阶级的出现才出现。只有个人相互之间的竞争和斗争才产生和发展了这种偶然性本身。因此,各个人在资产阶级的统治下被设想得要比先前更自由些,因为他们的生活条件对他们来说是偶然的;事实上,他们当然更不自由,因为他们更加屈从于物的力量。等级的差别特别显著地表现在资产阶级与无产阶级的对立中。当市民等级、同业公会等等起来反对农村贵族的时候,他们的生存条件,即在他们割断了封建的联系以前就潜在地存在着的动产和手艺,表现为一种与封建土地所有制相对立的积极的东西,因此起先也具有一种特殊的封建形式。当然,逃亡农奴认为他们先前的农奴地位对他们的个性来说是某种偶然的东西。但是,在这方面,他们只是做了像每一个挣脱了枷锁的阶级所做的事,此外,他们不是作为一个阶级解放出来的,而是零零散散地解放出来的。其次,他们并没有越出等级制度的范围,而只是形成了一个新的等级,在新的处境中也还保存了他们过去的劳动方式,并且使这种劳动方式摆脱已经和他们所达到的发展阶段不相适应的桎梏,从而使它得到进一步的发展。

相反,对于无产者来说,他们自身的生活条件,即劳动,以及当代社会的全部生存条件都已变成一种偶然的东西，单个无产者是无法加以控制的，而且也没有任何**社会**组织能够使他们加以控制。单个无产者的个性和强加于他的生活条件即劳动之间的矛盾，对无产者本身是显而易见的，特别是因为他从早年起就成了牺牲品，因为他在本阶级的范围内没有机会获得使他转为另一个阶级的各种条件。

注意。不要忘记，单是维持农奴生存的必要性和大经济的不可能性（包括把小块土地分给农奴），很快就使农奴向封建主缴纳的贡赋降低到各种代役租和徭役地租的平均水平，这样就使农奴有可能积累一些动产，便于逃出自己领主的领地，并使他有希望上升为市民，同时还引起了农奴的分化。可见逃亡农奴已经是半市民了。由此也可以清楚地看到，掌握了某种手艺的农奴获得动产的可能性最大。

由此可见，逃亡农奴只是想自由地发展他们已有的生存条件并让它们发挥作用，因而归根结底只达到了自由劳动；而无产者，为了实现自己的个性，就应当消灭他们迄今面临的生存条件，消灭这个同时也是整个迄今为止的社会的生存条件，即消灭劳动。因此，他们也就同社会的各个人迄今借以表现为一个整体的那种形式即同国家处于直接的对立中，他们应当推翻国家，使自己的个性得以实现。

从上述一切可以看出①，某一阶级的各个人所结成的、受他们的与另一阶级相对立的那种共同利益所制约的共同关系，总是这

① 手稿中删去以下这句话：“在每一个历史时代获得解放的个人只是进一步发展自己已有的、对他们来说是既有的生存条件。”——编者注

样一种共同体,这些个人只是作为一般化的个人隶属于这种共同体,只是由于他们还处在本阶级的生存条件下才隶属于这种共同体;他们不是作为个人而是作为阶级的成员处于这种共同关系中的。而在控制了自己的生存条件和社会全体成员的生存条件的革命无产者的共同体中,情况就完全不同了。在这个共同体中各个人都是作为个人参加的。它是各个人的这样一种联合(自然是以当时发达的生产力为前提的),这种联合把个人的自由发展和运动的条件置于他们的控制之下。而这些条件从前是受偶然性支配的,并且是作为某种独立的东西同单个人对立的。这正是由于他们作为个人是相互分离的,是由于分工使他们有了一种必然的联合,而这种联合又因为他们的相互分离而成了一种对他们来说是异己的联系。过去的联合决不像《社会契约论》①中所描绘的那样是任意的,而只是关于这样一些条件的必然的联合(可以对照例如北美合众国和南美诸共和国形成的情况),在这些条件下,各个人有可能利用偶然性。这种在一定条件下不受阻碍地利用偶然性的权利,迄今一直称为个人自由。——这些生存条件当然只是各个时代的生产力和交往形式。

共产主义和所有过去的运动不同的地方在于:它推翻一切旧的生产关系和交往关系的基础,并且第一次自觉地把一切自发形成的前提看做是前人的创造,消除这些前提的自发性,使这些前提受联合起来的个人的支配。因此,建立共产主义实质上具有经济

① 让·雅·卢梭《社会契约论,或政治权利的原则》1762 年阿姆斯特丹版。——编者注

的性质,这就是为这种联合创造各种物质条件,把现存的条件变成联合的条件。共产主义所造成的存在状况,正是这样一种现实基础,它使一切不依赖于个人而存在的状况不可能发生,因为这种存在状况只不过是各个人之间迄今为止的交往的产物。这样,共产主义者实际上把迄今为止的生产和交往所产生的条件看做无机的条件。然而他们并不以为过去世世代代的意向和使命就是给他们提供资料,也不认为这些条件对于创造它们的个人来说是无机的。有个性的个人与偶然的个人之间的差别,不是概念上的差别,而是历史事实。在不同的时期,这种差别具有不同的含义,例如,等级在 18 世纪对于个人来说就是某种偶然的东西,家庭或多或少地也是如此。这种差别不是我们为每个时代划定的,而是每个时代本身在既存的各种不同的因素之间划定的,而且不是根据概念而是在物质生活冲突的影响下划定的。在后来时代(与在先前时代相反)被看做是偶然的东西,也就是在先前时代传给后来时代的各种因素中被看做是偶然的东西,是曾经与生产力发展的一定水平相适应的交往形式。生产力与交往形式的关系就是交往形式与个人的行动或活动的关系。(这种活动的基本形式当然是物质活动,一切其他的活动,如精神活动、政治活动、宗教活动等都取决于它。当然,物质生活的这样或那样的形式,每次都取决于已经发达的需求,而这些需求的产生,也像它们的满足一样,本身是一个历史过程,这种历史过程在羊或狗那里是没有的(这是施蒂纳顽固地提出来**反对**人的主要论据①),尽管羊或狗的目前形象无疑是

① 麦·施蒂纳《施蒂纳的评论者》(载于 1845 年《维干德季刊》第 3 卷)一文中的议论;并见麦·施蒂纳《唯一者及其所有物》1845 年莱比锡版第 443 页。——编者注

历史过程的产物——诚然,不以它们的意愿为转移。)个人相互交往的条件,在上述这种矛盾产生以前,是与他们的个性相适合的条件,对于他们来说不是什么外部的东西;在这些条件下,生存于一定关系中的一定的个人独力生产自己的物质生活以及与这种物质生活有关的东西,因而这些条件是个人的自主活动的条件,并且是由这种自主活动产生出来的①。这样,在矛盾产生以前,人们进行生产的一定条件是同他们的现实的局限状态,同他们的片面存在相适应的,这种存在的片面性只是在矛盾产生时才表现出来,因而只是对于后代才存在。这时人们才觉得这些条件是偶然的桎梏,并且把这种视上述条件为桎梏的意识也强加给先前的时代。

这些不同的条件,起初是自主活动的条件,后来却变成了自主活动的桎梏,这些条件在整个历史发展过程中构成各种交往形式的相互联系的序列,各种交往形式的联系就在于:已成为桎梏的旧交往形式被适应于比较发达的生产力,因而也适应于进步的个人自主活动方式的新交往形式所代替;新的交往形式又会成为桎梏,然后又为另一种交往形式所代替。由于这些条件在历史发展的每一阶段都是与同一时期的生产力的发展相适应的,所以它们的历史同时也是发展着的、由每一个新的一代承受下来的生产力的历史,从而也是个人本身力量发展的历史。

由于这种发展是自发地进行的,就是说它不是按照自由联合起来的个人制定的共同计划进行的,所以它是以各个不同的地域、部落、民族和劳动部门等等为出发点的,其中的每一个起初都与别

① 马克思加了边注:“交往形式本身的生产”。——编者注

的不发生联系而独立地发展,后来才逐渐与它们发生联系。其次,这种发展非常缓慢;各种不同的阶段和利益从来没有被完全克服,而只是屈从于获得胜利的利益,并在许多世纪中和后者一起延续下去。由此可见,甚至在一个民族内,各个人,即使撇开他们的财产关系不谈,都有各种完全不同的发展;较早时期的利益,在它固有的交往形式已经为属于较晚时期的利益的交往形式排挤之后,仍然在长时间内拥有一种相对于个人而独立的虚假共同体(国家、法)的传统权力,一种归根结底只有通过革命才能被打倒的权力。由此也就说明:为什么在某些可以进行更一般的概括的问题上,意识有时似乎可以超过同时代的经验关系,以致人们在以后某个时代的斗争中可以依靠先前时代理论家的威望。

相反,有些国家,例如北美的发展是在已经发达的历史时代起步的,在那里这种发展异常迅速。在这些国家中,除了移居到那里去的个人而外没有任何其他的自发形成的前提,而这些个人之所以移居那里,是因为他们的需要与老的国家的交往形式不相适应。可见,这些国家在开始发展的时候就拥有老的国家的最进步的个人,因而也就拥有与这些个人相适应的、在老的国家里还没有能够实行的最发达的交往形式。这符合于一切殖民地的情况,只要它们不仅仅是一些军用场所或交易场所。迦太基、希腊的殖民地以及 11 世纪和 12 世纪的冰岛可以作为例子。类似的关系在征服的情况下也可以看到,如果在另一块土地上发展起来的交往形式被现成地搬到被征服国家的话。这种交往形式在自己的祖国还受到以前时代遗留下来的利益和关系的牵累,而它在这些地方却能够而且应当充分地和不受阻碍地确立起来,尽管这是为了保证征服者拥有持久的政权(英格兰和那不勒斯在被诺曼人征服[26]之后,获得了最完善的封建组织形式)。

———

征服这一事实看起来好像是同整个这种历史观矛盾的。到目前为止,暴力、战争、掠夺、抢劫等等被看做是历史的动力。这里我们只能谈谈主要之点,因此,我们举一个最显著的例子:古老文明被蛮族破坏,以及与此相联系重新开始形成一种新的社会结构(罗马和蛮人,封建制度和高卢人,东罗马帝国[27]和土耳其人)。对进行征服的蛮族来说,正如以上所指出的,战争本身还是一种通常的交往形式;在传统的、对该民族来说唯一可能的粗陋生产方式下,人口的增长越来越需要新的生产资料,因而这种交往形式越来越被加紧利用。相反,在意大利,由于地产日益集中(这不仅是由购买和负债引起的,而且还是由继承引起的,当时一些古老的氏族由于生活放荡和很少结婚而逐渐灭亡,他们的财产转入少数人手里),由于耕地变为牧场(这不仅是由通常的、至今仍然起作用的经济原因引起的,而且也是由掠夺来的和进贡的谷物的输入以及由此造成的意大利谷物没有买主的现象引起的),自由民几乎完全消失了,就是奴隶也在不断地死亡,而不得不经常代之以新的奴隶。奴隶制仍然是整个生产的基础。介于自由民与奴隶之间的平民,始终不过是流氓无产阶级。总之,罗马始终只不过是一个城市,它与各行省之间的联系几乎仅仅是政治上的联系,因而这种联系自然也就可能为政治事件所破坏。

———

有一种最普通的观点认为,迄今为止在历史上只有**占领**才具有决定意义。蛮人**占领了**罗马帝国,这种占领的事实通常被用来说明从古代世界向封建制度的过渡。但是在蛮人的占领下,一切都取决于被占领国家此时是否已经像现代国家那样发展了工业生产力，或者被占领国家的生产力主要是否只是以它的联合和共同体为基础。其次，占领是受占领的对象所制约的。如果占领者不依从被占领国家的生产条件和交往条件，就完全无法占领银行家的体现于证券中的财产。对于每个现代工业国家的全部工业资本来说，情况也是这样。最后，无论在什么地方，占领都是很快就会结束的，已经不再有东西可供占领时，必须开始进行生产。从这种很快出现的生产的必要性中可以得出如下结论：定居下来的征服者所采纳的共同体形式，应当适应于他们面临的生产力发展水平，如果起初情况不是这样，那么共同体形式就应当按照生产力来改变。这也就说明了民族大迁徙[28]后的时期到处可见的一件事实，即奴隶成了主人，征服者很快就接受了被征服民族的语言、教育和风俗。

封建制度决不是现成地从德国搬去的。它起源于征服者在进行征服时军队的战时组织，而且这种组织只是在征服之后，由于在被征服国家内遇到的生产力的影响才发展为真正的封建制度的。这种形式到底在多大程度上受生产力的制约，这从企图仿效古罗马来建立其他形式的失败尝试（查理大帝，等等）中已经得到证明。

待续。——

———

在大工业和竞争中，各个人的一切生存条件、一切制约性、一切片面性都融合为两种最简单的形式——私有制和劳动。货币使任何交往形式和交往本身成为对个人来说是偶然的东西。因此，货币就是产生下述现象的根源：迄今为止的一切交往都只是在一定条件下个人的交往,而不是作为个人的个人的交往。这些条件可以归结为两点:积累起来的劳动,或者说私有制,以及现实的劳动。如果二者缺一,交往就会停止。现代的经济学家如西斯蒙第①、舍尔比利埃②等人自己就把个人的联合同资本的联合对立起来。但是,另一方面,个人本身完全屈从于分工,因此他们完全被置于相互依赖的关系之中。私有制,就它在劳动的范围内同劳动相对立来说,是从积累的必然性中发展起来的。起初它大部分仍旧保存着共同体的形式,但是在以后的发展中越来越接近私有制的现代形式。分工从最初起就包含着劳动**条件**——劳动工具和材料——的分配,也包含着积累起来的资本在各个所有者之间的劈分,从而也包含着资本和劳动之间的分裂以及所有制本身的各种不同的形式。分工越发达,积累越增加,这种分裂也就发展得越尖锐。劳动本身只能在这种分裂的前提下存在。

(各个民族的个人——德国人和美国人——的自身能力,已经通过种族杂交而产生的能力,——因此德国人是白痴式的;在法、英等国是异族人移居于已经发达的土地上,在美国是异族人移居于一块全新的土地上,而在德国,土著居民安居不动。)

因此,这里显露出两个事实。第一,生产力表现为一种完全不依赖于各个人并与他们分离的东西,表现为与各个人同时存在的

① 德·西斯蒙第《政治经济学新原理,或论财富同人口的关系》(两卷集)1827年巴黎第2版。——编者注

② 安·埃·舍尔比利埃《富人或穷人》1840年巴黎—日内瓦版。——编者注

特殊世界，其原因是，各个人——他们的力量就是生产力——是分散的和彼此对立的，而另一方面，这些力量只有在这些个人的交往和相互联系中才是真正的力量。① 因此，一方面是生产力的总和，生产力好像具有一种物的形式，并且对个人本身来说它们已经不再是个人的力量，而是私有制的力量，因此，生产力只有在个人是私有者的情况下才是个人的力量。在以前任何一个时期，生产力都没有采取过这种对于**作为**个人的个人的交往无关紧要的形式，因为他们的交往本身还是受限制的。另一方面是同这些生产力相对立的大多数个人，这些生产力是和他们分离的，因此这些个人丧失了一切现实的生活内容，成了抽象的个人，然而正因为这样，他们才有可能**作为个人**彼此发生联系。

他们同生产力并同他们自身的存在还保持着的唯一联系，即劳动，在他们那里已经失去了任何自主活动的假象，而且只能用摧残生命的方式来维持他们的生命。而在以前各个时期，自主活动和物质生活的生产是分开的，这是因为它们是由不同的人承担的，同时，物质生活的生产由于各个人本身的局限性还被认为是自主活动的从属形式，而现在它们竟互相分离到这般地步，以致物质生活一般都表现为目的，而这种物质生活的生产即劳动（劳动现在是自主活动的唯一可能的形式，然而正如我们看到的，也是自主活动的否定形式）则表现为手段。

这样一来，现在情况就变成了这样：各个人必须占有现有的生产力总和，这不仅是为了实现他们的自主活动，而且从根本上说也是为了保证自己的生存。这种占有首先受所要占有的对象的制

① 恩格斯加了边注："西斯蒙第"。——编者注

约,即受发展成为一定总和并且只有在普遍交往的范围里才存在的生产力的制约。因此,仅仅由于这一点,占有就必须带有同生产力和交往相适应的普遍性质。对这些力量的占有本身不外是同物质生产工具相适应的个人才能的发挥。仅仅因为这个缘故,对生产工具一定总和的占有,也就是个人本身的才能的一定总和的发挥。其次,这种占有受进行占有的个人的制约。只有完全失去了整个自主活动的现代无产者,才能够实现自己的充分的、不再受限制的自主活动,这种自主活动就是对生产力总和的占有以及由此而来的才能总和的发挥。过去的一切革命的占有都是有限制的;各个人的自主活动受到有局限性的生产工具和有局限性的交往的束缚,他们所占有的是这种有局限性的生产工具,因此他们只是达到了新的局限性。他们的生产工具成了他们的财产,但是他们本身始终屈从于分工和自己的生产工具。在迄今为止的一切占有制下,许多个人始终屈从于某种唯一的生产工具;在无产者的占有制下,许多生产工具必定归属于每一个个人,而财产则归属于全体个人。现代的普遍交往,除了归属于全体个人,不可能归属于各个人。

其次,占有还受实现占有所必须采取的方式的制约。占有只有通过联合才能实现,由于无产阶级本身固有的本性,这种联合又只能是普遍性的,而且占有也只有通过革命才能得到实现,在革命中,一方面迄今为止的生产方式和交往方式的权力以及社会结构的权力被打倒,另一方面无产阶级的普遍性质以及无产阶级为实现这种占有所必需的能力得到发展,同时无产阶级将抛弃它迄今的社会地位遗留给它的一切东西。

只有在这个阶段上,自主活动才同物质生活一致起来,而这又

《德意志意识形态》手稿

是同各个人向完全的个人的发展以及一切自发性的消除相适应的。同样,劳动向自主活动的转化,同过去受制约的交往向个人本身的交往的转化,也是相互适应的。随着联合起来的个人对全部生产力的占有,私有制也就终结了。在迄今为止的历史上,一种特殊的条件总是表现为偶然的,而现在,各个人本身的独自活动,即每一个人本身特殊的个人职业,才是偶然的。

哲学家们在不再屈从于分工的个人身上看到了他们名之为"人"的那种理想,他们把我们所阐述的整个发展过程看做是"人"的发展过程,从而把"人"强加于迄今每一历史阶段中所存在的个人,并把"人"描述成历史的动力。这样,整个历史过程就被看成是"人"的自我异化过程,实质上这是因为,他们总是把后来阶段的一般化的个人强加于先前阶段的个人,并且把后来的意识强加于先前的个人。① 借助于这种从一开始就撇开现实条件的本末倒置的做法,他们就可以把整个历史变成意识的发展过程了。

市民社会[11]包括各个人在生产力发展的一定阶段上的一切物质交往。它包括该阶段的整个商业生活和工业生活,因此它超出了国家和民族的范围,尽管另一方面它对外仍必须作为民族起作用,对内仍必须组成为国家。"市民社会"这一用语是在18世纪产生的,当时财产关系已经摆脱了古典古代的和中世纪的共同体。真正的市民社会只是随同资产阶级发展起来的;但是市民社会这一名称始终标志着直接从生产和交往中发展起来的社会组织,这种社会组织在一切时代都构成国家的基础以及任何其他的观念的

① 马克思加了边注:"自我异化"。——编者注

上层建筑的基础。

国家和法同所有制的关系

所有制的最初形式，无论是在古典古代世界或中世纪，都是部落所有制，这种所有制在罗马人那里主要是由战争决定的，而在日耳曼人那里则是由畜牧业决定的。在古典古代民族中，一个城市里聚居着几个部落，因此部落所有制就具有国家所有制的形式，而个人的权利则局限于简单的占有，但是这种占有也和一般部落所有制一样，仅仅涉及地产。无论在古代或现代民族中，真正的私有制只是随着动产的出现才开始的。——（奴隶制和共同体）（古罗马公民的合法的所有权［dominium ex jure Quiritum］）。在起源于中世纪的民族那里，部落所有制经过了几个不同的阶段——封建地产，同业公会的动产，工场手工业资本——才发展为由大工业和普遍竞争所引起的现代资本，即变为抛弃了共同体的一切外观并消除了国家对所有制发展的任何影响的纯粹私有制。现代国家是与这种现代私有制相适应的。现代国家由于税收而逐渐被私有者所操纵，由于国债而完全归他们掌握；现代国家的存在既然受到交易所内国家证券行市涨落的调节，所以它完全依赖于私有者即资产者提供给它的商业信贷。因为资产阶级已经是一个**阶级**，不再是一个**等级**了，所以它必须在全国范围内而不再是在一个地域内组织起来，并且必须使自己通常的利益具有一种普遍的形式。由于私有制摆脱了共同体，国家获得了和市民社会并列并且在市民社会之外的独立存在；实际上国家不外是资产者为了在国内外相互保障各自的财产和利益所必然要采取的一种组织形式。目前国家的独立性只有在这样的国家里才存在:在那里,等级还没有完全发展成为阶级,在那里,比较先进的国家中已被消灭的等级还起着某种作用,并且那里存在某种混合体,因此在这样的国家里居民的任何一部分也不可能对居民的其他部分进行统治。德国的情况就正是这样。现代国家的最完善的例子就是北美。法国、英国和美国的一些近代著作家都一致认为,国家只是为了私有制才存在的,可见,这种思想也渗入日常的意识了。

因为国家是统治阶级的各个人借以实现其共同利益的形式,是该时代的整个市民社会获得集中表现的形式,所以可以得出结论:一切共同的规章都是以国家为中介的,都获得了政治形式。由此便产生了一种错觉,好像法律是以意志为基础的,而且是以脱离其现实基础的意志即**自由**意志为基础的。同样,法随后也被归结为法律。

私法是与私有制同时从自然形成的共同体的解体过程中发展起来的。在罗马人那里,私有制和私法的发展没有在工业和商业方面引起进一步的结果,因为他们的整个生产方式没有改变。①在现代民族那里,工业和商业瓦解了封建的共同体,随着私有制和私法的产生,开始了一个能够进一步发展的新阶段。在中世纪进行了广泛的海上贸易的第一个城市阿马尔菲还制定了海商法。[29]当工业和商业——起初在意大利,随后在其他国家——进一步发展了私有制的时候,详细拟定的罗马私法便又立即得到恢复并取得威信。后来,资产阶级力量壮大起来,君主们开始照顾它的利

① 恩格斯加了边注:“(放高利贷!)”——编者注

益,以便借助资产阶级来摧毁封建贵族,这时候法便在所有国家中——法国是在16世纪——开始真正地发展起来了,除了英国以外,这种发展在所有国家中都是以罗马法典为基础的。即使在英国,为了私法(特别是其中关于动产的那一部分)的进一步完善,也不得不参照罗马法的原则。(不应忘记,法也和宗教一样是没有自己的历史的。)

在私法中,现存的所有制关系是作为普遍意志的结果来表达的。仅仅使用和滥用的权利[jus utendi et abutendi]就一方面表明私有制已经完全不依赖于共同体,另一方面表明了一个错觉,仿佛私有制本身仅仅以个人意志即以对物的任意支配为基础。实际上,滥用[abuti]对于私有者具有极为明确的经济界限,如果他不希望他的财产从而他滥用的权利转入他人之手的话;因为仅仅从私有者的意志方面来考察的物,根本不是物;物只有在交往中并且不以权利为转移时,才成为物,即成为真正的财产(一种**关系**,哲学家们称之为观念)。[①] 这种把权利归结为纯粹意志的法律上的错觉,在所有制关系进一步发展的情况下,必然会造成这样的现象:某人在法律上可以对某物享有权利,但实际上并不拥有某物。例如,假定由于竞争,某一块土地不再提供地租,虽然这块土地的所有者在法律上享有权利,包括享有使用和滥用的权利。但是这种权利对他毫无用处,只要他还未占有足够的资本来经营自己的土地,他作为土地所有者就一无所有。法学家们的这种错觉说明:在法学家们以及任何法典看来,各个人相互之间的关系,例如缔结

① 马克思加了边注:"**在哲学家们看来关系=观念**。他们只知道'**人**'对自身的关系,因此,在他们看来,一切现实的关系都成了观念。"——编者注

契约这类事情，一般都是偶然的；他们认为这些关系可以随意建立或不建立，它们的内容完全依据缔约双方的个人意愿。

每当工业和商业的发展创造出新的交往形式，例如保险公司等等，法便不得不承认它们都是获得财产的方式。

分工对科学的影响。

镇压在国家、法、道德等等中的作用。

资产者之所以必须在法律中使自己得到普遍表现，正因为他们是作为阶级进行统治的。

自然科学和历史。

没有政治史、法律史、科学史等等，艺术史、宗教史等等①。

为什么意识形态家使一切本末倒置。

笃信宗教者、法学家、政治家。

法学家、政治家（一般的国务活动家）、伦理学家、笃信宗教者。

关于一个阶级内的这种意识形态划分：**职业由于分工而独立化**；每个人都认为他的手艺是真的。他们之所以必然产生关于自己的手艺和现实相联系的错觉，是手艺本身的性质所决定的。关系在法学、政治学中——在意识中——成为概念；因为他们没有超越这些关系，所以这些关系的概念在他们的头脑中也成为固定概念。例如，法官运用法典，因此法官认为，立法是真正的积极的推

① 马克思加了边注："同表现为古典古代国家、封建制度、专制君主制的'共同体'相适应的，同这种联系相适应的，尤其是宗教观念。"——编者注

动者。尊重自己的商品,因为他们的职业是和公众打交道。

法的观念。国家的观念。在**通常的**意识中事情被本末倒置了。

———

宗教从一开始就是**超验性的意识**,这种意识是从**现实的**力量中产生的。

要更通俗地表达这一点。

———

法、宗教等领域中的传统。

———

各个人过去和现在始终是从自己出发的。他们的关系是他们的现实生活过程的关系。为什么会发生这样的情况:他们的关系会相对于他们而独立?他们自己生命的力量会成为压倒他们的力量?

总之:**分工**,分工的阶段依赖于当时生产力的发展水平。

———

土地所有制。公社所有制。封建的所有制。现代的所有制。

等级的所有制。手工工场所有制。工业资本。

卡·马克思和弗·恩格斯写于
1845年秋—1846年5月

第一次用俄文发表于《马克思恩格斯文库》1924年版第1卷

原文是德文

选自《马克思恩格斯文集》
第1卷第512—587页

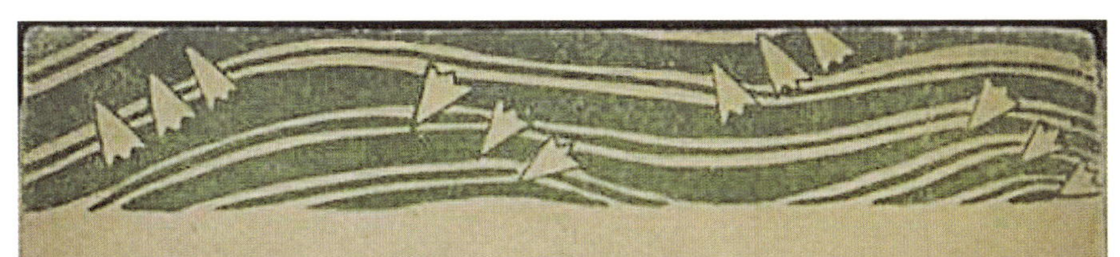

德意志意識形態

馬克斯
恩格斯 合著

郭沫若 譯

言行出版社刊行

1938 年上海言行出版社出版的《德意志意识形态》中文节译本

第一卷和第二卷重要论述摘编

青年黑格尔派的唯心主义历史观

黑格尔用以歪曲现实冲突的那种抽象的和神秘的词句，在这个“批判的”头脑看来就是现实冲突。布鲁诺接受了**思辨的**矛盾，并肯定这个矛盾的一部分而否定另一部分。在他看来，关于现实问题的哲学**词句**就是现实问题本身。因此，一方面，他无视现实的人和他们关于自己的貌似独立并和他们对立的社会关系的现实意识，只知道**自我意识**这个空洞的抽象的字眼，正如他无视现实的生产，只知道**这种自我意识的独立化的活动**一样；另一方面，他无视现实的自然界和现实存在的社会关系，只知道把这些关系的一切哲学范畴或名称在哲学上概括为**实体**这个空洞字眼。这是因为，布鲁诺同所有哲学家和意识形态家一起，错误地把思想、观念，即现存世界的独立化的思想表现当作这个现存世界的基础。不言而喻，用这两个已变得毫无意义和毫无内容的抽象，他就能够变各式各样的戏法，而对现实的人及其各种关系则一无所知。（此外，请参看费尔巴哈那一章中关于实体的部分以及圣麦克斯那一章中关于“人道自由主义”和“圣物”的部分。)因此,他并没有离开思辨的基地来解决思辨的矛盾;他仍然从这一基地出发来施展伎俩,**甚至**还如此坚定地站在黑格尔所特有的基地上,以致总是被“自我意识”对“绝对精神”的关系弄得寝食不安。总而言之,我们在这里看到的是在《符类福音作者的福音故事考证》①中宣告过、在《基督教真相》②中细述过、可惜在黑格尔的《现象学》③中早已有过的**自我意识的哲学**。《神圣家族》第220页和第304—307页④对鲍威尔的这一新哲学作了详尽分析。

(《马克思恩格斯全集》中文第1版第3卷第93—94页)

不言而喻,人们的观念和思想是关于自己和关于人们的各种关系的观念和思想,是人们关于**自身**的意识,关于**人**的意识(因为这不是仅仅单个人的意识,而是同整个社会联系着的单个人的意识),关于人们生活于其中的整个社会的意识。人们在其中生产自己生活的、不以他们为转移的条件,与这些条件相联系的必然的交往形式,由这种交往形式产生的个人的关系和社会的关系,当它们以思想表现出来的时候,就不能不采取观念条件和必然关系的形式,即在意识中表现为从**人**的概念中、从人的本质中、从人的本性中、从**人**中产生的规定。人们是什么,人们的关系是什么,这反

① 布·鲍威尔《符类福音作者的福音故事考证》1841年莱比锡版第1—2卷。——编者注

② 布·鲍威尔《基督教真相》1843年苏黎世—温特图尔版。——编者注

③ 指黑格尔《精神现象学》。——编者注

④ 见《马克思恩格斯文集》第1卷第342—347页、第356—360页。——编者注

映在意识中就是关于**人**、关于人的存在方式或关于人的较贴切的定义的看法。于是，在意识形态家们假定观念和思想支配着迄今的历史，假定这些观念和思想的历史就是迄今存在的全部历史之后，在他们臆想现实的关系要顺应**人**及其观念的关系即人的定义之后，特别是在他们把人们关于自身的意识的历史变为人们的现实历史的基础之后，要把意识、观念、圣物、固定观念的历史称为"人"的历史并用这种历史来偷换现实的历史，是再容易不过的了。圣麦克斯比他的所有前辈突出之处仅仅在于：对这些观念，甚至在它们同它们所由产生的现实生活任意脱离的情况下，他**毫无**所知；他的毫无价值的创造只在于：他在抄袭黑格尔的意识形态时暴露出对他所抄袭的东西的无知。仅从这一点就可以看出，他是如何才会在**唯一者**这一形式中把现实个人的历史同他关于人的历史的幻想对立起来的。

（《马克思恩格斯全集》中文第 1 版第 3 卷第 199—200 页）

现在，我们已经把圣桑乔①用来圣化现存世界，从而加以批判和吞噬的那些最主要的逻辑把戏戳穿了。其实他所吞噬的只是世界上的圣物，而对世界本身他连碰也没有碰到。因此不言而喻，他的实际态度不能不是非常保守的。如果他想批判，那么世俗的批判恰好应当在神圣的灵光消失的地方开始。社会的正常交往形式以及统治阶级的条件同先进生产力之间的矛盾越发展，由此产生的统治阶级内部的分裂以及它同被统治阶级之间的分裂越大，原

① 指麦·施蒂纳。——编者注

先与这种交往形式相适应的意识当然也就越不真实,也就是说,它不再是与这种交往形式相适应的意识了;这种交往关系的旧的传统观念,即把现实的个人利益等等说成是普遍的这种观念,也就越沦为纯粹理想化的词句、有意识的幻想和有目的的虚伪。但是,这些观念的欺骗性被生活揭穿得越多,它们对意识本身越不适用,它们也就越坚决地显示自己的作用,这个标准社会的语言也就越虚伪,越道德化,越神圣化。这个社会越虚伪,像桑乔这样轻信的人也就越容易到处发现关于圣物、关于理想的观念。他这位轻信的人,可以从社会的普遍虚伪中提炼出对圣物、对圣物统治的普遍信仰,甚至可以把这个圣物看作现存社会的基石。他是这种虚伪的受骗者,其实他本应该从这种虚伪中得出相反的结论来的。

(《马克思恩格斯全集》中文第 1 版第 3 卷第 331—332 页)

“真正的社会主义”

我们在第一卷(参看《圣麦克斯》,《政治自由主义》①)考察过迄今存在的德国自由主义和法英资产阶级运动之间的关系,这种关系在德国社会主义和法英无产阶级运动之间也同样存在。除德国共产主义者之外,还出现了一些著作家,他们接受了法国和英国的某些共产主义思想,把这些思想和自己的德国哲学前提混合起

① 见《马克思恩格斯全集》中文第 1 版第 3 卷第 211—224 页。——编者注

来。这些“社会主义者”，或者像他们自称的所谓“真正的社会主义者”，认为外国的共产主义文献并不是现实运动的表现和产物，而是纯理论的著作，这些著作像他们想象中的德国哲学体系一样，完全是从“纯粹的思想”中产生的。他们并没有考虑到，这些著作即使在宣传某些体系，也是以实际的需要为基础的，是以一定国家的一定阶级的整个生活条件为基础的。他们对该派某些著作界代表人物的幻想深信无疑，似乎这些代表人物所谈的是“最合乎理性的”社会制度，而不是一定阶级和一定时代的需要。这些“真正的社会主义者”禁锢于德意志意识形态，因而不可能去考察现实的关系。面对“不讲科学的”法国人和英国人，他们所采取的行动就是首先激起德国读者对这些外国人的皮相之见或“粗俗的”经验主义表示应有的蔑视，就是为“德国科学”唱颂歌，并赋予它这样的使命：揭示共产主义和社会主义的**真理**，揭示绝对的社会主义、“**真正的**社会主义”。于是他们立刻开始工作，想以“德国科学”代表的身份来完成这个使命，尽管在大多数场合，这个“德国科学”对他们来说几乎就像法国人和英国人的原著一样是陌生的，他们只是根据施泰因、厄尔克斯等人所编的东西才了解那些原著。他们赋予社会主义和共产主义的这个“**真理**”究竟是什么呢？他们企图用德国的特别是黑格尔和费尔巴哈的意识形态，来阐明社会主义和共产主义文献的思想，而这些思想对他们来说却是完全无法解释的，一方面是由于他们对这些思想的纯粹文献上的联系甚至一无所知，另一方面是由于上面已经提到过的他们对这类文献的错误了解。他们把这些共产主义的体系、评论和论战性著作同现实运动割裂开来，其实这些体系、评论和著作不过是现实运动的表现；然后，他们又任意把这些体系、评论和著作同德国哲学联系起来。他们把一定的、受历史条件制约的生活领域的意识同这些生活领域割裂开来,并且用真正的、绝对的意识即德国哲学的意识来衡量这个意识。他们始终一贯地把这些一定的个人间的关系变为“人”的关系,他们把这些一定的个人关于他们自身关系的思想解释成好像这些思想是关于“人”的思想。这样一来,他们就从现实的历史基础回到意识形态的基础上去,而且,由于他们没有认识到现实的联系,因而就很容易用“绝对的”或者别的意识形态的方法来虚构幻想的联系。他们把法国人的思想翻译成德意志意识形态家的语言,任意捏造共产主义和德意志意识形态之间的联系,这样就形成了所谓“真正的社会主义”,它被大吹大擂地说成是“民族的骄傲和所有邻国人民羡慕的对象”,就像托利党人[30]谈到英国宪法时所说的那样。

由此可见,这种“真正的社会主义”不过是无产阶级的共产主义和英国法国那些或多或少同它相近的党派在德国精神天国以及我们将要看到的德国情感天国中的变容而已。声称以“科学”为基础的“真正的社会主义”,本身首先就是一种秘传的科学;它的理论著作只供那些熟知“思维着的精神”的奥秘的人阅读。但是它也有公开的著作;只因为它关心社会的、公开的关系,它就得进行某种宣传。在这种公开的著作中,它不再诉诸德国“思维着的精神”,而是诉诸德国“情感”。而这样做对于“真正的社会主义”说来是再容易不过的,因为它所关心的既然已经不是现实的人而是“人”,所以它就丧失了一切革命热情,它就不是宣扬革命热情,而是宣扬普遍的人类之爱了。因此,它不是求助于无产者,而是求助于德国人数最多的两类人,求助于小资产者及其博爱的幻想以及这些小资产者的意识形态家，即哲学家和哲学学徒；总之，它求助于德国现在流行的“平常的”和不平常的意识。

由于德国实际存在的各种关系，不可避免地形成了这个中间派别，不可避免地产生了想把共产主义和流行观念调和起来的企图。同样不可避免的是：许多曾以哲学为出发点的德国共产主义者，正是经过这样的过渡而走向了并且继续走向共产主义，而其他那些不能摆脱意识形态羁绊的人则宣传这种“真正的社会主义”，直到寿终正寝。因此，我们不可能知道，“真正的社会主义者”中那些不久前写了我们在下面所批判的著作的人，究竟是仍然坚持这种观点，还是已经前进了。我们决不是反对这些人，我们只是把刊印出来的文献看做是在德国这样一个泥潭里不可避免地会产生的那个流派的表现。

此外，“真正的社会主义”显然给一批青年德意志[31]的美文学家、江湖医生和其他著作家打开了利用社会运动的大门。由于德国没有**现实的**、激烈的、实际的党派斗争，社会运动在开始时也就变成了**纯粹**文学的运动。“真正的社会主义”就是最完备的社会文学运动，这个运动是在现实的党派利益之外产生的，而且在共产主义党派形成以后还想不顾它而继续存在。不言而喻，从名副其实的共产主义党派在德国产生的时候起，“真正的社会主义者”必将越来越局限于把小资产者作为自己的公众，并把那些委靡和堕落的著作家作为这些公众的代表。

（《马克思恩格斯文集》第 1 卷第 588—591 页）

空想共产主义的社会现实基础

"真正的社会主义"发表了自己关于一般体系的意见之后，当然就不必费力去了解共产主义体系本身了。它一下子就不仅超越了《伊加利亚》①，而且超越了从亚里士多德到黑格尔的一切哲学体系、《自然体系》②以及林耐和朱西厄的植物体系，甚至太阳系学说。至于说到体系本身，那么，差不多所有的体系都是在共产主义运动开始时出现的，当时它们通过民间小说的形式来为宣传事业服务，这些民间小说同刚刚参加到运动中来的无产者的尚未成熟的意识是完全符合的。卡贝本人把他的《伊加利亚》称为哲学小说，我们在把卡贝作为一派首领来评价时，不应当根据他的体系，而应当根据他的论战性的著作，总之，根据他的整个活动。在这些小说中，有一些，例如傅立叶的体系，带有真正的诗意；另外一些，例如欧文和卡贝的体系，则没有任何幻想，而只有商人的斤斤计较，或者从法律上狡猾地迎合那个需要感化的阶级的观点。在派别的发展过程中，这些体系失去了任何意义，最多不过在名义上作为口号保留下来。在法国谁会去相信伊加利亚，而在英国又有谁会去相信欧文鼓吹的、他自己根据时势变化或为了对特定阶级进

① 埃·卡贝《伊加利亚旅行记。哲学和社会小说》1842 年巴黎第 2 版。——编者注

② 保·昂·迪·霍尔巴赫《自然体系，或物质世界和精神世界的规律》1770 年伦敦版。——编者注

行宣传而修改的各种计划呢？这些体系的实际内容根本不在于它们的体系的形式，关于这一点，从《和平民主日报》[32]的正统傅立叶派的例子看得最清楚，虽然他们有正统观念，但他们是与傅立叶根本相反的人，是资产阶级的空论家。一切划时代的体系的真正的内容都是产生这些体系的时代的需要。每个这样的体系都是以本国过去的整个发展，以阶级关系的历史形式及其政治的、道德的、哲学的和其他的结果为基础的。只是说所有的体系都是专断独裁的，这丝毫没有说明共产主义体系的这种基础和内容。德国人没有英国人和法国人的那种发达的阶级关系。所以，德国共产主义者只能从他们出身的那个等级的生活条件中获取自己的体系的基础。因此，唯一存在着的德国共产主义体系是法国思想在受小手工业者生活条件限制的那种世界观范围内的复制，这是十分自然的事。

（《马克思恩格斯全集》中文第1版第3卷第543—544页）

私有制与生产力的发展

“假使”圣桑乔把法学家和政治家关于私有制的那些流行的想法以及为此进行的争论暂时搁在一边，假使他对这种私有制的经验存在和它同个人的生产力的联系进行一番考察，那么他现在向我们显示的他的全部所罗门式的智慧就会化为乌有。“假使”是这样，他就不会看不出（虽然他像哈巴谷[33]那样无所不能）：私有制是生产力发展一定阶段上必然的交往形式,这种交往形式在生产力被创造出来而私有制成为阻碍这种生产力的桎梏以前,是不可能被屏弃的,是直接的物质生活的生产所不可缺少的。“假使”是这样,读者也就不会看不出,桑乔不得不研究物质关系,而不是使整个世界消溶在神学道德的体系中,接着又用一个应当具有利己主义性质的新道德体系来对抗这个神学道德体系。

(《马克思恩格斯全集》中文第1版第3卷第410—411页)

生产和消费的关系

实际上,生产和消费往往处于互相矛盾之中。然而,据说只要能正确地**解释**这种矛盾,只要能**理解**生产和消费的真正的**本质**,就足以确立二者的一致性和消除任何矛盾。因此,这个德意志意识形态的理论也极妙地适合于现存世界;生产和消费的一致性可用现代社会的许多例子来证明,这种一致性**本来**就是存在的。格律恩先生首先证明,在生产和消费之间总是存在着某种关系。他解释说:如果没有生产大礼服和面包,他就没有大礼服穿,没有面包吃;在现代社会中有些人生产大礼服、鞋子、面包,而另外一些人则是这些物品的消费者。格律恩先生认为这个观点是新的。他用一种经典的、美文学意识形态的语言来表达这个观点。例如:

“有人认为,享用咖啡、糖等等是纯粹的消费;然而,难道这种享用在殖民地那里不是生产吗?”

他可以同样成功地发问：对于黑奴来说这种享用不就是享受鞭子的滋味吗？这种享用在殖民地不就是生产毒打吗？我们看到，这种浮夸的手法只能导致为现存状况作辩护。格律恩先生的另一个观点是：他在生产的时候也在消费，就是消费原料，总之，消费生产成本；这个观点是说，不能无中生有，他必须有**材料**。在任何一本经济学著作的"再生产的消费"那一章中，他都可以看到关于在这种关系中产生出多么复杂的联系的论述，只要不像格律恩先生那样局限于没有皮革就制不出靴子这样的平庸的认识。

格律恩先生方才确信：为了消费，必须生产，生产就要消费原料。当他想证明他在消费也就在生产的时候，他就要遇到真正的困难了。在这里格律恩先生做了一个完全不成功的尝试，想多少弄懂一点需求和供给之间的最平常最普通的关系。他理解到：他的消费，即他的需求，产生新的供给。但是他忘记了，他的需求应当是**有效的**需求，他应当为他所需要的产品提供等价物，只有这样，他的需求才能引起新的生产。经济学家们也提到消费和生产的不可分割的联系，提到需求和供给的绝对同一性，而他们正是想证明，永远不会有生产过剩；但是他们并没有像格律恩先生那样，讲出如此拙劣和平庸的东西来。其实，一切贵族、僧侣、食利者等等，历来就是用同样手法来证明他们是生产的。格律恩先生还忘记了，现在生产面包是用蒸汽磨，而从前是用风力磨和水力磨，更早的时候是用手推磨；这些不同的方式完全不取决于他吃面包这一简单的行为，因此我们在这里看到的是生产的历史发展，而"从事大规模生产的"格律恩先生却没有想到这一点。格律恩先生也没有想到：随着这些不同的生产阶段产生的还有生产和消费之间的不同的关系、二者之间的不同的矛盾；要理解这些矛盾，只有去研究每一种生产方式和以此为基础的整个社会制度,而要解决这些矛盾,只有实际地改变每一种生产方式和以此为基础的整个社会制度。如果说,格律恩先生的另一些例子表明他比那些最普通的经济学家还要平庸,那么他那个关于书的例子证明他们比他要“合乎人性”。他们根本没有要求他在消费了一本书之后立即生产一本新书!只要他以此来生产自己的学养,从而对生产有所裨益,他们就感到满意了。格律恩先生省略了现金支付这个中间环节,——他通过干脆撇开现金支付的做法而使它成为多余,但是只有通过现金支付,他的需求才成为**有效的**——从而把格律恩先生的再生产的消费变成了某种怪异现象。他读书,而且他通过单纯的**读书**就使得铸字工人、造纸厂厂主和印刷工人有可能去生产新的铅字、新的纸张、新的书籍。他的单纯的消费就足以补偿所有这些人的生产费用。不过,我们已经充分地证明了格律恩先生的高超技艺:他善于从旧书中读出新书,而且善于以新纸张、新铅字、新印刷油墨和新装订工具生产者的身份,为商业界作出贡献。格律恩著作中的第一封信的结尾就是这样写的:“我正想投身实业。”格律恩先生在整本著作中的任何地方都没有违背自己的这句格言。

那么格律恩先生的全部活动究竟是什么呢?为了证明“真正的社会主义”关于生产和消费一致性的观点,格律恩先生求助于经济学关于需求和供给的最平庸的论点;而且为了把这些论点修改得符合自己的目的,他丢掉其中必要的中间环节,从而把它们变为最纯粹的幻想。可见,整个问题的核心是无知地和空想式地把现存制度神圣化。

(《马克思恩格斯全集》中文第1版第3卷第610—613页)

生产力发展水平对自由的制约

桑乔本人所理解的问题归根到底又是纯粹的胡说。他以为：到现在为止人们总是先给自己制定人的概念，然后在为使这一概念在自身中得以实现所需要的范围之内取得自由；人们每一次取得的自由的度都是由他们每一次对人的理想的看法决定的；而且在每个个人身上必然会留有和这种理想不符合的某种残余，因而这种残余作为“非人的东西”还没有取得自由，或者说只有 malgré eux［违反他们的意志］才取得自由。

实际上，事情自然是这样的：人们每次都不是在他们关于人的理想所规定和所容许的范围之内，而是在现有的生产力所规定和所容许的范围之内取得自由的。而到现在为止取得的一切自由的基础是有限的生产力；靠这种生产力进行的不能满足整个社会的生产，使得发展只在下述情况下才成为可能，即：一些人靠另一些人来满足自己的需要，因而一些人（少数）得到了发展的垄断权；而另一些人（多数）为满足最必不可少的需要而不断拼搏，因而暂时（即在新的革命的生产力产生以前）被排斥在一切发展之外。因此，到现在为止，社会一直是在对立中发展的，在古代是自由民和奴隶之间的对立，在中世纪是贵族和农奴之间的对立，在近代则是资产阶级和无产阶级之间的对立。这一方面可以说明被统治阶级用以满足自己需要的那种违反常规的“非人的”方式，另一方面可以说明交往以及与之相关的整个统治阶级的发展受到很大的局限,以致发展的这种局限性不仅表现在一个阶级被排斥在外,而且还表现在排斥这个阶级的阶级也有狭隘性,“非人的东西”也同样出现在统治阶级那里。这种所谓“非人的东西”同“人的东西”一样,也是现代关系的产物;这种“非人的东西”是现代关系的否定面,它是没有新的革命的生产力作为基础的、对建立在现有生产力基础上的占统治地位的关系和与之相适应的满足需要的方式的反抗。“人的”这一正面说法是同一定生产发展阶段上**占统治地位**的一定关系和由这种关系所决定的满足需要的方式相适应的,这就如同下述情况:“非人的”这一反面说法,是同那些想在现存生产方式内部否定这种占统治地位的关系和在这种关系中占统治地位的满足需要的方式的意图相适应的,而这种意图每天都由这一生产发展阶段不断地产生着。

(《马克思恩格斯全集》中文第 1 版第 3 卷第 506—508 页)

私人利益与共同利益相互对立和统一的物质根源

私人利益总是违反个人的意志而发展为阶级利益,发展为共同利益,而共同利益脱离单个人而独立化,在独立化过程中取得**普遍**利益的形式,作为普遍利益又与现实的个人对立,而在这个对立中它们既然被确定为**普遍**利益,就可以由意识想象成**理想的**,甚至是宗教的、神圣的利益,这种情况是怎样产生的呢?在私人利益变为阶级利益的这个独立化过程中,个人的私人行为不可避免地物化、异化,同时作为不以个人意志为转移的、通过交往而形成的力量离开个人而存在,个人的私人行为转化为社会关系,转化为一系列力量,这些力量决定着和支配着个人,因此在观念中就成为“神圣的”力量,这种情况是怎样产生的呢?只要桑乔懂得了这样一个事实,即在一定的、当然不以意志为转移的**生产方式**内,总有异己的、不仅不以分散的个人而且也不以他们全体为转移的实际力量支配着人们,那么,无论从宗教角度来想象这一事实,还是由那个受想象中的一切支配的利己主义者通过臆想来歪曲这个事实,以至认为他自己不受任何东西支配,这对桑乔来说都几乎是无所谓的事情了。而这样一来,桑乔无论如何会从思辨的王国降到现实的王国,从人们臆想什么转到人们实际是什么,从他们想象什么转到他们怎样行动以及在一定的条件下不得不怎样行动。他就会把他觉得是**思维**的产物的东西理解为**生活**的产物。他就不会走到与他相称的那种荒唐地步,对于私人利益和普遍利益的分裂作这样的解释:人们**也**从宗教角度去想象这种分裂,并且**觉得**(这不过是代替“想象”的另一个词)是这样或者那样。

此外,即使在桑乔从中领会私人利益和普遍利益的矛盾的那种荒诞的小资产阶级德国的形式中,他也应当看到,个人总是并且也不可能不是从自己本身出发的,因此桑乔指出的两个方面就是个人的私人发展的两个方面,这两个方面同样是由个人生活的经验条件产生的,它们不过是人们的**同样的**私人发展的表现,所以它们仅仅在**表面上**是对立的。至于由特殊发展条件和分工所决定的这个个人的地位如何,他更多地代表对立的这一面或那一面,在更大程度上是利己主义者或者是自我牺牲者,那是完全次要的问题,这个问题也只有在一定的历史时代内对一定的个人提出,也许还有一点意思。否则这种问题只能导致江湖骗子的空洞道德说教。但是桑乔作为独断主义者,在这里却陷入迷途,他只找到一条出路,那就是:他让桑乔·潘萨和唐·吉诃德之流降生,然后让唐·吉诃德之流把荒谬的东西塞进桑乔之流的头脑。他作为独断主义者抓出按教书匠精神理解的一个方面,硬说它是属于个人本身的,并对另一方面表示厌恶。因此,在他这个独断主义者看来,这另一方面也部分是单纯的**情感驱动**,即 dévoûment[自我牺牲],部分是单纯的"**原则**",而不是从个人以往的自然的生存方式中必然产生的关系。所以,合乎逻辑的做法只能是:把这个"原则""从头脑中挤出去",尽管根据桑乔的意识形态,这个原则可以创造出各种各样的经验的实物。例如,在第 180 页中曾提到"生活的或社会性的原则""创造了""社会生活,一切和蔼可亲、一切友爱亲善和一切……"其实反过来说才是正确的:是生活创造了这个原则。

对我们这位圣者来说,**共产主义**之所以简直不可理解,是因为共产主义者既不拿利己主义来反对自我牺牲,也不拿自我牺牲来反对利己主义;在理论上,共产主义者既不是根据那情感的形式,也不是根据那夸张的意识形态的形式去领会这个对立,而是揭示这个对立的物质根源,并指出这种对立随着物质根源的消失而自行消失。共产主义者根本不进行**道德**说教,而施蒂纳却大张旗鼓地进行道德说教。共产主义者不向人们提出道德要求,例如你们应该彼此互爱呀,不要做利己主义者呀,等等;相反,他们清楚地知道,无论利己主义还是自我牺牲,都**是**一定条件下个人自我实现的一种必然形式。因此,共产主义者并不像圣麦克斯所想象的以及他的忠实的格拉齐安诺博士(阿尔诺德·卢格)随声附和的那样

(为此圣麦克斯在《维干德》[19]第 192 页上称他为"非常狡黠而有政治头脑的人"),是为了"普遍的"、富有牺牲精神的人而扬弃"私人",——这是妄想,关于这一点,他们二位在《德法年鉴》[10]里本来已经可以得到必要的澄清。那些有时间从事历史研究的为数不多的理论共产主义者的突出之处正在于:只有他们才**发现**在全部历史中"普遍利益"都是由作为"私人"的个人创造的。他们知道,这种对立只是**表面的**,因为所谓"普遍的"这一面总是不断地由另一面即私人利益产生的,它决不是作为一种具有独立历史的独立力量而与私人利益相对立,所以这种对立总是在实践中不断地消灭,又不断地产生。因此,这里说的不是黑格尔式的对立的两个方面的"否定统一",而是以往由物质决定的个人生存方式的由物质决定的消灭,随着这种生存方式的消灭,这种对立连同它的统一也同时消失。

(《马克思恩格斯全集》中文第 1 版第 3 卷第 273—276 页)

法律是统治阶级意志的表现

在现实的历史中,那些认为**权力**是法的基础的理论家和那些认为**意志**是法的基础的理论家是直接对立的,这种对立,圣桑乔也可以认为是现实主义(儿童、古代人、黑人)和理想主义(青年、近代人、蒙古人)的对立。如果像霍布斯等人那样,承认权力是法的基础,那么法、法律等等只不过是作为国家权力基础的**其他**关系的一种标志,一种表现。个人的完全不依他们的单纯"意志"为转移的物质生活,即他们的相互制约的生产方式和交往形式,是国家的现实基础,而且在分工和私有制还是必要的一切阶段上都是这样,这是完全不依个人的**意志**为转移的。这些现实的关系决不是国家权力创造出来的,相反,它们是创造国家权力的力量。在这种关系中占统治地位的个人,除了必须把自己的力量构建成**国家**外,还必须使他们的由这些特定关系所决定的意志具有国家意志即法律这种一般表现形式,而这种表现形式的内容总是由这个阶级的关系决定的,私法和刑法就最清楚地证明了这一点。这些个人通过法律形式来实现自己的意志,同时使自己的意志不受他们之中任何一个单个人的任性所左右,这一点不取决于他们的意志,如同他们的体重不取决于他们的唯心的意志或任性一样。他们的个人统治必须同时确立为一般的统治。他们的个人权力是以作为许多人共同的生活条件而发展起来的那些生活条件为基础的,他们作为同其他人对立的统治者,同时也作为管辖所有人的统治者,必须维护这些生活条件的持续存在。这种由他们的共同利益所决定的意志的表现,就是法律。正是这些互不依赖的个人和他们自己的意志的自我实现(在这个基础上的自我实现,在他们的相互关系中必然是利己的),才使自我舍弃在法律和法中成为必要,自我舍弃是在特殊场合,而他们的利益的自我肯定是在一般场合(因此不是**他们**,而只是"自我一致的利己主义者",才把这种自我肯定看成是自我舍弃)。对被统治的阶级说来也是如此,法律和国家是否存在,这也不是他们的意志所能决定的。例如,只要生产力还没有发展到足以使竞争成为多余的东西,因而还不断产生竞争,那么,尽管被统治阶级有消灭竞争、从而消灭国家和法律的"意志",然而它们所想的毕竟是一种不可能的事。况且,当关系还没有发展到能够产生这个意志以前，这个“意志”也仅仅出现在意识形态家的想象中。当关系发展到足以产生这种意志的时候，意识形态家就会把这种意志想象成纯粹随心所欲的，因而在一切时代和一切情况下都可能的东西。

犯罪，即孤立的个人反对统治关系的斗争，和法一样，也不是由纯粹的任性产生的。恰恰相反，犯罪和现行统治都产生于相同的条件。也正是那些把法和法律看作是某种独立自在的普遍意志的统治的幻想家，才会把犯罪看成单纯是对法和法律的破坏。其实，不是国家由于统治意志而存在，而是从个人物质生活方式中产生的国家也具有统治意志的形式。如果统治意志失去统治，那么，不仅意志发生了变化，而且个人的物质存在和生活也发生了变化，而且只因为这一点，个人的意志才发生变化。法和法律“承传下来”①是可能的，但是在这种情况下，它们不再是起统治作用的，而只是名义上的，古罗马和英国的法制史中就有这方面的明显例证。我们先前已经看到，在哲学家那里，由于思想脱离了作为其基础的个人，脱离了它们的经验关系，才会有纯粹思想的发展和历史。同样，在这里也可以使法脱离它的现实基础，从而得出某种“统治者意志”，这种意志在不同的时代有不同的表现形式，并且通过自己的创造物即法律而具有自己独立的历史。这样一来，政治史和市民史就按照意识形态的方式变成了一个个相继出现的法律的统治史。这是法学家和政治家的独特幻想，而我们的乡下佬雅各却毫不客气地把它抄袭过来了。

（《马克思恩格斯全集》中文第 1 版第 3 卷第 377—379 页）

---

① 语出歌德《浮士德》第 1 部第 4 场。——编者注

资产阶级与国家

此外,施蒂纳的想法是:如果个人在资产阶级财产的基础上发财致富了,只是意味着国家发财致富了;或者说,迄今为止,一切私有财产都是国家财产。这种想法又把历史关系颠倒了。随着资产阶级财产的发展和积累,即随着商业和工业的发展,个人越来越富,而国家负债越来越多。这一事实在最初的意大利的商业共和国里已经出现,后来从上一世纪起在荷兰表现得最为明显,荷兰的国债投机商平托还在1750年就指出这个现象,而目前在英国又可以看到这样的事实。因此,事实也表明,一旦资产阶级积累了钱,国家就得向它乞讨,最后干脆被它收买过去。这种现象发生在资产阶级还有另一个阶级与之对立、因而国家可以在二者之间保持某种独立性假象的时期。国家即使在被收买以后仍需要钱,因此仍依赖资产者,但是,这个国家总可以比其他欠发达的因而债务较少的国家获得更多的资金归自己掌握,如果资产阶级的利益需要这样做的话。然而连欧洲的最不发达的国家,即神圣同盟[34]的成员国,也免不了要遭到这种命运,在拍卖中被资产者收买;那时施蒂纳可以用私有财产和国家财产的同一性来安慰它们,特别是他自己的君主,这位君主徒劳地力图推迟把国家政权出卖给变得“邪恶”了的“市民”的时刻。

(《马克思恩格斯全集》中文第1版第3卷第418—419页)

资产阶级功利论

“功利”关系本来是联盟中个人与个人之间**唯一的**关系，但转眼之间却又被解释为互相“吞食”。当然，联盟里的“尽善尽美的基督教徒”也吃圣餐，只不过不是大家都在一起吃，而是相互吞食。

这种被边沁令人讨厌地渲染的相互利用[①]理论，早在本世纪初，就可以认为是上一世纪的一个阶段，关于这一点，黑格尔在《现象学》[②]中作了证明。请参看其中的《启蒙和迷信的斗争》这一章，那里功利论被说成是启蒙的最终结果。把人与人之间形形色色的相互关系统统归结为**一种**功利关系，这种做法看起来是愚蠢的；这种看起来是形而上学的抽象之所以产生，是因为在现代资产阶级社会中，一切关系实际上仅仅归结为一种抽象的金钱和牟利的关系。在第一次和第二次英国革命时期，即在资产阶级取得政权的头两次斗争时期，这种理论在霍布斯和洛克那里出现了。当然，这种理论在经济学著作家那里早已是心照不宣的前提了。经济学是关于这种功利论的真正科学；它在重农学派那里获得了自己的真正的内容，因为重农学派最先把经济学变成一个体系。而在爱尔维修和霍尔巴赫那里，这种学说被理想化了，这种做法完

① 原文为Exploitation(exploitieren)，有“利用”、“剥削”两种含义。——编者注

② 指黑格尔《精神现象学》。——编者注

全符合法国资产阶级在革命前的反对派地位。在霍尔巴赫那里,个人在相互交往中的一切活动,例如谈话、爱情等等都被描写成功利关系和利用关系。由此可见,这里所设定的现实关系就是谈话、爱情,即个人的一定特性的一定的活动。而这两种关系在这里却没有它们所**特有的**意义,它们被用来表达和表示强加给它们的第三种关系,即**功利关系或利用关系**。这种**解释**只有在下述情况下才不再是毫无意义的和任意的,即那两种关系对个人来说不具有它们本身应有的意义,不具有自身活动的意义,而具有伪装的意义,不过不是"利用"范畴的伪装,而是现实的第三种目的和称作功利关系的关系的伪装。

字面上的伪装,只有当它是现实的伪装的自觉或不自觉的表现时,才有意义。在这种情况下,功利关系具有十分明确的意义,即我是通过我使别人受到损失的办法来为我自己取得利益(exploitation de l'homme par l'homme[人剥削人])。其次,在这种情况下,我从某种关系中取得的利益总是对这种关系来说是异己的,正像我们在上面谈到能力时所看到的那样,人们对每种能力所要求的是对它来说是异己的产物;这是一种由各种社会关系所决定的关系,而它恰恰就是功利关系。所有这一切的确就是资产者那里的情况。对资产者来说,只有**一种**关系——剥削关系——才具有独立自在的意义;对资产者来说,其他一切关系只有在能够被他归结到这种唯一的关系中去时才有意义,甚至在他发现了有不能直接从属于剥削关系的关系时,他至少也要在想象中使这些关系从属于剥削关系。这种利益的物质表现就是金钱,即一切事物、一切人和社会关系的价值的代表者。此外,不难一眼看出,"利用"范畴是从我和别人发生的现实的交往关系中抽象出来的,而决不是从反思或纯意志中抽象出来的；其次，这些关系反过来被用来冒充这个从那些关系本身中抽象出来的范畴的现实性，这是采用纯思辨的方法。黑格尔就完全是用同样的方法和同样的理由把一切关系都描述成客观精神的关系。由此可见，霍尔巴赫的理论是关于当时法国的新兴资产阶级的有正当历史根据的哲学幻想，当时资产阶级的剥削欲望还可以被描写成个人在已经摆脱旧的封建羁绊的交往条件下获得充分发展的欲望。资产阶级所主张的解放，即竞争，当然在18世纪是给个人开辟比较自由的发展的新途径的唯一可能的方式。在理论上宣布符合于这种资产者实践的意识、相互利用的意识是一切个人之间普遍的相互关系，——这也是一个大胆的公开的进步，是揭开封建剥削的政治、宗法、宗教和温情伪装的世俗化**启蒙**，这种伪装符合于当时的剥削形式，而且特别在君主专制的著作家那里被系统化了。

即使桑乔在他的“圣书”里所说的同爱尔维修和霍尔巴赫在上一个世纪所说的完全一样，这种时代错乱仍然是可笑的。但是我们已经看到，他用虚夸的、自我一致的利己主义来代替积极活动的资产阶级利己主义。他的唯一的功绩是他违背自己意志并在不知不觉中建立的，这个功绩就是表达那些想变成资产者的现代德国小资产者的愿望。这些市民在实际行动中是那样鼠目寸光、胆小怕事、偏执己见，与此相应，他们的哲学代言人中的“唯一者”也就自吹自擂、夸夸其谈、欺世盗名，这是十分正常的；这些市民对自己的这位理论吹牛家置之不理，而这位吹牛家对这些市民也一无所知；他们彼此之间意见不一致，于是这位吹牛家不得不鼓吹自我一致的利己主义；这些情况是同市民的状况完全吻合的。现在桑乔大概会看到，**他的**“联盟”是用一条什么样的脐带和关税同盟 **35**

联系起来的。

功利论和利用论的成就以及这种理论的不同阶段，恰好是和资产阶级发展的不同时期相联系的。在爱尔维修和霍尔巴赫的学说里，这种理论，按其实际内容来说，只不过是把君主专制时期著作家的表达方式改写成另一种说法而已。它是另一种表达方式，主要是一种想把一切关系归结为利用关系的愿望，一种想从物质需要和满足这些需要的方式来解释交往的愿望，还不是行动本身。任务提出来了。霍布斯和洛克亲眼看到了荷兰资产阶级的较早的发展（他们两人在荷兰住过一个时期），而且也看到了英国资产阶级借以冲破地方和地区局限性的最初的政治运动，还看到了工场手工业、海外贸易和开拓殖民地的已经比较发展的阶段；特别是洛克，他的著作就是属于英国经济学的第一个时期的，属于出现股份公司、英国银行和英国海上霸权的那个时期的。在他们那里，特别是在洛克那里，利用论还是和经济学内容有直接关系的。

在爱尔维修和霍尔巴赫面前，不仅有英国的理论以及荷兰和英国资产阶级的先前的发展，而且有正在为自己的自由发展而斗争的法国资产阶级。18 世纪的普遍商业精神特别是在法国以投机的形式支配了一切阶级。当时政府的财政困难以及由此引发的关于课税的辩论遍及整个法国。此外还有一种情况：巴黎是 18 世纪唯一的世界城市，是各国人士在此进行个人交往的唯一城市。这些前提，再加上法国人一般所具有的包容性较强的特征，使爱尔维修和霍尔巴赫的理论带有独特的普遍性的色彩，但同时也使它失去了在英国人那里还可以找到的实证的经济学内容。在英国人那里还只是对一个事实的单纯认定的理论，在法国人那里却变成了哲学体系。出现在爱尔维修和霍尔巴赫那里的这种没有实证内容的普遍性,同只是在边沁和穆勒那里才出现的内容充实的整体性是有本质区别的。前一种理论是同正在进行斗争而尚不发达的资产阶级相适应的,而后一种理论则是同占统治地位的发达的资产阶级相适应的。

爱尔维修和霍尔巴赫所忽视的利用论的内容,被霍尔巴赫的同时代人重农学派所发展和系统化了;但是重农学派所根据的是法国的尚不发达的经济关系,当时在法国,使地产起着主要作用的封建制度还没有消灭,所以他们认为地产和农业劳动是决定整个社会形态的[生产力],就这一点来说,他们还受到封建主义观点的束缚。

利用论在英国通过葛德文,特别是通过边沁获得了更进一步的发展;随着资产阶级在英国和法国日益得势,边沁把法国人所忽视的经济学内容又逐渐地拣起来了。葛德文的《论政治正义》一书①是在恐怖时代写的,而边沁的主要著作是在法国革命和英国大工业发展时期和在此之后写的。最后,我们在穆勒的学说里可以看到,功利论和经济学是完全结合在一起的。

经济学在以前或者是由金融家、银行家、商人,即一切与经济关系直接有关的那些人研究过,或者是由像霍布斯、洛克、休谟这些有全面教养的人研究过,在他们看来,经济学的意义在于它是百科知识的一个部门;只是通过重农学派,经济学才上升为一门独立的科学,并且从他们起才被作为一门科学对待。作为一门独立的专门科学,当它把其他一些关系,如政治关系、法律关系等等归结

① 威·葛德文《论政治正义及其对道德和幸福的影响》1842年伦敦第4版,该书第1版1793年在伦敦出版。——编者注

于经济关系时,它就把这些关系也纳入自己的范围。但是它认为,这一切关系被纳入它的范围,这只是这些关系的一个方面,因而在其他方面它们仍旧可以保留经济学以外的独立的意义。我们只是在边沁那里才看到:一切现存的关系都被完全纳入功利关系,而这种功利关系被无条件地推崇为其他一切关系的唯一内容;边沁认为,在法国革命和大工业发展以后,资产阶级已经不是一个特殊的阶级,而成为这样一个阶级,即它的生存条件就是整个社会的生存条件。

当构成法国人的功利论的全部内容的那些感伤的道德的释义全部用尽之后,要想进一步发展这种理论,只有回答如何对个人和各种关系加以利用、剥削的问题。在此期间,经济学已经对这个问题作了回答;只有吸收经济学内容,才能向前迈进一步。边沁迈了这一步。但是在经济学里已经提出了一种思想:主要的剥削关系是不以个人意志为转移而由整个生产决定的,单独的个人实际上都面临着这些关系。所以对功利论来说,除了个人对这些主要关系所采取的态度,除了单独的个人对现存世界的私人利用以外,再没有其他思辨领域了。关于这一点,边沁和他的学派发表了冗长的道德议论。因此,功利论对现存世界的整个批判的视野也同样是有局限性的。它囿于资产阶级的条件,它所能批判的仅仅是那些从以往的时代遗留下来并阻碍资产阶级发展的关系。因此,虽然功利论也论述了一切现存关系和经济关系之间的联系,但仅仅是以一种偏狭的方式论述的。

功利论从一开始就带有公益论的性质;但是只有在着手研究经济关系,特别是研究分工和交换的时候,这种性质才具有充实的内容。在分工的情况下,单个人的私人活动变成了公益的活动;边沁的公益归根到底就是一般地表现在竞争中的公益。由于考察了地租、利润和工资的经济关系,各阶级的一定的剥削关系也就得到了考察,因为剥削方式是取决于剥削者的生活状况的。在这以前,功利论还能同一定的社会事实相联系;但在进一步谈论剥削方式时,它就只能采用空洞的说教了。

经济学内容逐渐使功利论变成了替现存事物的单纯的辩护,变成了这样一种证明:在现存条件下,人们彼此之间的现有的关系是最有利、最具有公益性的关系。在所有近代经济学家那里,功利论都具有这种性质。

功利论至少有一个优点,它表明了社会的一切现存关系和经济基础之间的联系,但在桑乔那里,它失去了任何积极内容,抽掉了一切现实关系,只局限于个别市民对他自以为能够利用世界的那种"聪明才智"的空洞幻想。其实,即使是这种淡化了的功利论,桑乔也只是在很少的几个地方谈到;正像我们所看到的,几乎整本"圣书"都充满了自我一致的利己主义,即对小资产者的这种幻想的幻想。我们还看到,连这很少的几个地方最后也被桑乔弄成如堕五里雾中。

(《马克思恩格斯全集》中文第 1 版第 3 卷第 478—484 页)

资产阶级享乐哲学

在欧洲,宣传享乐的**哲学**同昔勒尼学派[36]一样古老。在古代,这种哲学的倡导者是**希腊人**,在近代是**法国人**,而他们成为倡导者的根据也是相同的,因为他们的气质和他们的社会特别容易使他们追求享乐。享乐哲学从来只是某些拥有享乐特权的社会集团的巧妙说法。至于他们享乐的方式和内容始终受到其他社会成员的整个状况制约,而且受到其他社会成员的一切矛盾的困扰,这一点撇开不谈;享乐哲学一旦追求普遍性质并且宣布自己是整个社会的人生观,就变成了纯粹的**空话**。在这些情况下,它沦为劝人虔诚的道德说教,沦为对现存社会的诡辩的粉饰,或者变成自己的对立面,也就是把强制的禁欲宣布为享乐。

在近代,享乐哲学是随同封建制度崩溃以及封建土地贵族变成君主专制时期寻欢作乐和挥金如土的宫廷贵族而产生的。在宫廷贵族那里,享乐哲学还较多地保持着那种反映在回忆录、诗歌、小说等等中的直接的素朴的人生观的形式。只有在革命资产阶级的某些著作家的笔下,它才成为真正的哲学。这些著作家一方面分享宫廷贵族的教育和生活方式,另一方面,他们又赞同资产阶级的那种以它的较普遍的条件为基础的较普遍的看法。因此,这种哲学被两个阶级接受,尽管它们是从完全不同的观点来接受的。在贵族那里,这种说法仅仅适用于这个等级及其生活条件,而资产阶级却把这种说法普遍化,并且不加区别地应用于每一个人,以致无视个人的生活条件,这样一来,这种享乐理论就变成了一种无聊的虚伪的道德说教。在后来的发展进程中贵族被推翻,资产阶级同自己的对立面——无产阶级——发生冲突,这时候贵族变成笃信宗教的人,而资产阶级则在自己的理论中冠冕堂皇地宣扬道德而且态度严肃,或者陷入上面所提到的假仁假义中,尽管贵族在实践中根本没有放弃享乐,而享乐在资产阶级那里甚至采取了正式的经济形式——**奢侈**。

每一个时代的个人的享乐同阶级关系以及产生这些关系的、这些个人所处的生产条件和交往条件的联系，迄今为止脱离个人现实生活内容并且和这种内容相矛盾的享乐的狭隘性，任何一种享乐哲学同呈现于它之前的现实的享乐的联系，这种不加区别地应用于一切个人的哲学的虚伪性，当然只有在对现存世界的生产条件和交往条件能够进行批判的时候，也就是在资产阶级和无产阶级之间的对立产生了共产主义观点和社会主义观点的时候，才有可能被揭露。随着这种揭露，任何一种道德，无论它是禁欲的道德还是享乐的道德，都受到了谴责。

（《马克思恩格斯全集》中文第1版第3卷第488—490页）

德国市民等级的历史及其典型特征

德国市民等级的历史是了解圣麦克斯及其先辈对自由主义的批判的关键。我们着重谈谈法国革命以来这一历史的某些环节。

上个世纪末德国的状况完全反映在康德的《实践理性批判》中。当时，法国资产阶级经过历史上最大的一次革命跃居统治地位，并且征服了欧洲大陆；当时，政治上已经获得解放的英国资产阶级实现了工业革命并在政治上控制了印度，在商业上控制了世界各地；而软弱无力的德国市民只产生了“善良意志”。康德以单纯的“善良意志”自慰，哪怕这种善良意志毫无效果也心安理得，他把这种善良意志的**实现**、它与个人的需要和欲望之间的协调都推到**彼岸**。康德的这种善良意志完全符合德国市民的软弱、受压迫和可悲的状况,他们的狭隘的利益始终不能发展成为一个阶级的共同的民族利益,因此他们持续不断地遭到其他各国资产者的剥削。与这种狭隘的地方利益相适应的,一方面是德国市民的现实的地方和省区的褊狭性,另一方面是他们的世界主义的狂妄。总之,自宗教改革以来,德国的发展就具有了完全小资产阶级的性质。旧的封建贵族绝大部分在农民战争中被消灭了,剩下的或者是直属帝国的小邦诸侯,他们逐渐取得相当的独立地位,并在十分狭隘的、规模极小的城市范围内仿效君主专制;或者是小地主,他们中有一部分人在小庄园内将自己的薄产挥霍一空,然后就在小邦军队和政府机关找个卑微的职位赖以糊口;或者是土容克,他们过的生活就连最节俭的英国乡绅或法国乡绅也会觉得有失体面。农业的经营方式既不是小块经营,也不是大规模种植,它虽然一直保存着依附农制和徭役,但从未导致农民去寻求解放,因为这种经营方式本身不容许积极革命的阶级崛起,还因为没有一个与这样的农民阶级相适应的革命资产阶级支持这种解放。

至于谈到市民,我们在这里只能着重指出某些典型特征。具有典型意义的是:正当亚麻纺织工场,亦即以脚踏纺车和手织机为基础的工业在德国还起着一些作用的时候,这些笨拙的工具在英国已被机器排挤掉了。最具有典型意义的是德国市民对**荷兰**的态度。荷兰是汉撒同盟[37]中唯一在商业上占有重要地位的成员,它脱离了这个同盟,使德国除了两个港口(汉堡和不来梅)以外同世界贸易隔绝,并从此控制了德国的全部贸易。德国市民过于软弱,不能限制荷兰人的剥削。小小荷兰的资产阶级比人数众多的德国市民强大,荷兰资产阶级已有很发展的阶级利益,而德国市民却没有共同利益,只有分散的狭隘的利益。与利益的分散相适应的是政治组织的分散——一些小公国和帝国自由市。一个国家不具备政治集中所需要的一切**经济**条件,怎么能谈到**政治**集中呢?每一个生活领域都软弱无力(这里既谈不上等级,也谈不上阶级,而至多只能谈曾经存在的等级和尚未形成的阶级),因而任何一个领域都不能获得绝对的支配地位。由此产生的必然结果是,在德国以最畸形的、半宗法制的形式表现出来的君主专制的时代里,由于分工而取得公共利益管理权的特殊领域,获得了异乎寻常的、在现代官僚制度中更强化的独立性。这样一来,国家就构成一种貌似独立的力量,而这种在其他国家曾是暂时现象(过渡阶段)的地位,在德国一直保持到现在。国家的这种地位可以说明,为什么这里会产生在其他地方从来没有过的竭诚效忠的官僚意识,以及在德国很流行的关于国家的一切幻想;为什么会产生德国理论家对市民的虚假的独立性,即这些理论家用以表达市民利益的形式和这些利益本身之间的虚假的矛盾。

以现实的阶级利益为基础的法国自由主义在德国所采取的特有形式,我们又在康德那里发现了。无论康德还是德国市民(康德是为德国市民粉饰的代言人)都没有觉察到,资产者的这些理论思想是以物质利益和由物质生产关系制约和决定的**意志**为基础的。因此,康德把这种理论的表达与它所表达的利益割裂开来,把法国资产阶级意志的有物质动机的规定变为"**自由意志**"、自在和自为意志、人类意志的**纯粹的**自我规定,从而就把这种意志变成纯意识形态的概念规定和道德假设。因此,当这种强有力的资产阶级自由主义的实践以恐怖统治和资产阶级无耻钻营的形式出现的时候,德国小资产者就在这种实践面前畏缩了。

在拿破仑统治下,德国市民还继续从事着他们的卑微的牟利活动,并且沉湎于他们的伟大的幻想。关于当时在德国流行的牟利精神,圣桑乔不妨参看一下让·保尔的作品,这类作品对他来说是唯一能理解的美文学材料。德国市民骂拿破仑逼得他们喝代用咖啡,骂拿破仑驻兵和募兵扰乱了他们的安宁,他们把自己的全部道义上的愤恨都发泄在拿破仑身上,而把自己的一切赞扬加给英国。其实,拿破仑清扫了德国的奥吉亚斯的牛圈,修筑了文明的交通大道,为他们作了极大的贡献,而英国人却只是伺机不择手段剥削他们。德国的诸侯也以同样的小资产阶级方式想入非非,他们自认为是为维护正统原则、反对革命而斗争,其实他们只不过是英国资产者掏钱招募的雇佣兵。在这种普遍的幻想的气氛中,有幻想特权的等级——意识形态家、教书匠、大学生、道德协会的会员[38]——高谈阔论,并用类似的夸张说法去表达普遍的幻想和对利益的漠不关心,这完全是理所当然的。

七月革命(这里我们只谈几个主要之点,所以中间阶段就撇开不谈了)从外部迫使德国人接受适合于发展成熟的资产阶级的政治形式。由于德国的经济关系还远远没有达到与这些政治形式相适应的发展阶段,所以市民们只把这些形式当作抽象观念、自在和自为的原则、虔诚的心愿和词句、康德式的意志的自我规定和市民们应该成为的那种人的自我规定。因此他们对待这些形式远比其他民族彬彬有礼和漠然置之,也就是说,他们表现出非常独特的褊狭性,并且他们的所有努力都徒劳无功。

最后,外国的日益加剧的竞争和德国越来越不能避开的世界交往,迫使德国人的分散的地方利益结合为一定程度的共同利益。

德国市民,特别是从 1840 年起,开始考虑如何保障这种共同利益;他们成为民族主义者和自由主义者,并要求征收保护关税和制定宪法。因此,现在他们差不多已经达到了 1789 年法国资产者所处的阶段。

(《马克思恩格斯全集》中文第 1 版第 3 卷第 211—215 页)

共产主义是用实践手段来追求实践目标的最具有实践性的运动

在"施蒂纳"那里,"共产主义"是从寻找"**本质**"开始的;他作为善良的"青年",又想只"洞察事物的底蕴"。而共产主义是用实践手段来追求实践目标的最具有实践性的运动,只是在德国,面对德国的哲学家,这个运动才会稍为研究一下"本质"问题,——对于这一点,我们的圣者当然是不予考虑的。因此,这种渴慕"本质"的施蒂纳式的"共产主义"只能导致一个哲学范畴,即"彼此相互依存",而这个范畴后来借助于几个牵强的等式稍稍接近了经验世界,这几个等式就是:

彼此相互依存=**只有**依靠他人而生存

=作为工人而生存

=普遍的劳动者身份

但是,我们还要请圣桑乔费心,例如从**欧文**著作中指出上面有关"本质"、普遍的劳动者身份等等命题中的话,哪怕一处也行(因为欧文是英国共产主义的代表,他和例如非共产主义者蒲鲁东同样有资格代表“共产主义”,而上面这些命题多半是施蒂纳根据蒲鲁东的言论概括、整理而成的)。

(《马克思恩格斯全集》中文第 1 版第 3 卷第 236—237 页)

共产主义与消灭私有制

如果目光短浅的资产者对共产主义者说,你们消灭财产即消灭我作为资本家、地主、工厂主的存在以及你们作为工人的存在,你们也就消灭我的以及你们的个性;你们使我失去剥削你们工人的可能,使我失去获取利润、利息或地租的可能,你们也就使我失去作为个人而存在的可能。这就是说,如果资产者向共产主义者声明,你们消灭我**作为资产者**的存在,你们也就消灭我**作为个人**的存在;如果资产者这样把作为资产者的自身和作为个人的自身等同起来,那么,在这里至少得承认资产者的直言不讳和厚颜无耻。在资产者看来,情况确实如此;他认为只有当他是资产者时自己才是个人。

但是,只有当资产阶级的理论家们出场,并对这种论断作一般表述时,只有当他们力图在理论上也把资产者的财产和个性等同起来,并对这种等同进行逻辑论证时,这种谬论才变得庄严而神圣。

“施蒂纳”在上面驳斥共产主义消灭私有财产这一论点时采

用的办法是:首先把私有财产变为"有",然后又把"有"这个动词说成是不可缺少的字眼、是永恒真理,因为在共产主义社会中也会发生施蒂纳"有"肚子痛这样的事。这里他正是这样来论证私有财产的不可废除,他把私有财产变为财产的概念,利用 Eigentum[财产]和 eigen[自己特有的]这两个词的语源学上的联系,把"自己特有的"这个词说成是永恒真理,因为在共产主义制度下也会发生他"自己特有的"肚子痛这样的事。如果不是把共产主义者所要消灭的现实的私有财产变为"财产"这个抽象概念,那么,这种在语源学中寻找自己避难所的整个谬论,是不能成立的。这样一变,一方面对现实的私有财产就不必费力稍加说明,甚至无须有所了解,另一方面,也就可以很容易地在共产主义中发现矛盾,因为,**在**消灭(**现实的**)财产**之后**当然不难在共产主义中发现许多可以归入"财产"的东西。但实际上,事情恰恰相反。实际上,我只有在有可以出卖的东西的时候才有私有财产,而我自己的特有性却是根本不能出卖的。我的大礼服,只有当我至少还能将它变卖、抵押或出售时,只有当它还可以出卖时,才是我的私有财产。它失去这一特性,成为破衣服之后,对我来说,它还会保留一些特性,这些特性使它成为**对我**还有价值的东西,它甚至能成为我的特性,把我变成衣衫褴褛的个人。但是,没有一个经济学家会想到把这件大礼服列为我的私有财产,因为它不能使我支配任何甚至是最少量的他人劳动。也许只有维护私有财产的法学家和意识形态家还能瞎扯这类东西。私有财产不仅使人的个性异化,而且也使物的个性异化。土地与地租没有任何关系,机器与利润没有任何关系。对于土地占有者来说,土地的意义仅仅在于地租,他把他的土地出租,并收取租金;土地可以失去这一特性,但并不失去它任何固有的特性,例如任何一点肥力;这一特性的度,甚至它的存在,都取决于社会关系,而这些社会关系是不依赖于个别土地占有者的作用而产生和消灭的。机器也是如此。金钱是财产的最一般的形式,它与个人的独特性毫无关系,甚至直接对立,关于这一点,莎士比亚要比我们那些满口理论的小资产者知道得更清楚:

> “这东西①,只这一点儿,
> 就可以使黑的变成白的,丑的变成美的;
> 错的变成对的,卑贱变成尊贵,
> 老人变成少年,懦夫变成勇士。
> 这黄色的奴隶……
> 使害着灰白色的癞病的人为众人所敬爱;
> 它可以使鸡皮黄脸的寡妇重做新娘,
> 即使她的尊容会使那身染恶疮的人见了呕吐,
> 有了这东西也会恢复三春的娇艳。
> ……
> 你有形的神明,
> 你会使冰炭化为胶漆,
> 仇敌互相亲吻!”②

总之,地租、利润等这些私有财产的现实存在形式是**社会的**、与生产的一定阶段相适应的**关系**,它们只有在还没有成为现有生产力的桎梏时,才是“**个人的**”。

(《马克思恩格斯全集》中文第1版第3卷第252—255页)

---

① 指金子。——编者注

② 莎士比亚《雅典的泰门》第4幕第3场。——编者注

共产主义与人的自由全面的发展

个人的全面发展，只有到了外部世界对个人才能的实际发展所起的推动作用为个人本身所驾驭的时候，才不再只是作为理想、作为职责等等存在于想象之中，而这也正是共产主义者所向往的。

（《马克思恩格斯全集》中文第1版第3卷第330页）

桑乔希望，或者更确切地说，他**以为**是希望：个人彼此之间应进行纯粹私人交往，他们的交往不应通过某个第三者，通过某物（参看《竞争》）。这里的第三者是“特殊的东西”，或者是特殊的、非绝对的对立，也就是现代社会关系所决定的个人彼此之间的地位。比如说，桑乔并不希望两个个人以资产者和无产者的身份彼此处于“对立”的地位，他反对资产者比无产者“优先拥有”的那种“特殊的东西”；他希望他们保持一种纯粹私人的关系，希望他们彼此作为单纯的个人进行交往。他没有考虑到：在分工的范围内，私人关系必然地、不可避免地会发展为阶级关系，并作为阶级关系固定下来；因此，他的全部空谈可归结为一种单纯的虔诚愿望，他打算实现这种愿望，办法是劝告这些阶级的个人把关于他们的“对立”和他们的“特殊的”“特权”的观念从头脑中挤出去。在上面引证的桑乔的这些命题中，全部关键仅仅在于：人们把**自己看作**什么人，**他**把他们看作什么人；**人们**希望什么，**他**希望什么。似乎只要改变一下“**看法**”和“**愿望**”，“对立”和“特殊的东西”就会消灭。

今天，甚至某一个个人本身比另一个个人优先拥有的那种东西也是社会的产物，并且在其实现时一定又表现为一种特权，这一点我们在分析竞争问题时已经向桑乔指出过了。其次，就个人本身来考察个人，他屈从于分工，分工使他变成片面的、畸形的、受限制的人。

桑乔所谓的对立的尖锐化和特殊性的消灭，在最好的情况下，可归结为什么呢？可归结为：个人之间的关系应当表现为他们彼此如何**对待**，而他们的相互区别应当表现为他们的**自我区分**（即：一个经验的我使**自己**区别于另一个我）。这两种说法或者像桑乔所做的那样是对**现存状况**的意识形态的释义，因为个人的关系在任何情况下只**能**是他们的相互关系，而他们的区别也只**能**是他们的自我区分；或者是虔诚的愿望：**但愿**他们**这样地**相互对待、**这样地**相互区别，以致他们的关系不再作为一种不以他们的意志为转移的社会关系而独立存在；**但愿**他们彼此间的区别不再具有那种已经具有而且还将天天具有的客观的（不以个人意志为转移的）性质。

在任何情况下，个人总是"**从自己**出发的"，但是，他们不是**唯一的**，意即他们彼此不是不需要发生任何联系的，他们的**需要**即他们的本性和满足自身需要的方式，把他们彼此联系起来（两性关系、交换、分工），因而他们**必然要**发生相互关系。此外，他们不是作为纯粹的**我**，而是作为处在他们的生产力和需要的一定发展阶段上的个人而发生交往的，同时这种交往又决定着生产和需要，因而正是个人间的这种私人的、个人的关系，他们作为个人的相互关系，创造了并且每天都在重新创造着现存的关系。他们是以原来的身份互相交往的，他们是从原来的"自己"出发的，至于他们抱有什么样的"人生观"，则是无所谓的。这种"人生观"——即使是被哲学家所曲解的——当然总是由他们的现实生活决定的。由此可见：一个人的发展取决于和他直接或间接进行交往的其他一切人的发展；彼此发生关系的个人的世世代代是相互联系的，后代的肉体的存在是由他们的前代决定的，后代继承着前代积累起来的生产力和交往形式，从而决定他们这一代的相互关系。总之，我们可以看到，发展不断地进行着，单个人的历史决不能脱离他以前的或同时代的个人的历史，而是由这种历史决定的。

个人关系向它的对立面即向纯粹的物的关系的转变，个人自己对个性和偶然性的区分，正如我们已经指出的，是一个历史过程，在不同发展阶段上具有不同的、日益尖锐和普遍的形式。在现代，物的关系对个人的统治、偶然性对个性的压抑，已具有最尖锐最普遍的形式，这样就给现有的个人提出了十分明确的任务。这种情况向他们提出了这样的任务：以个人对偶然性和关系的统治来代替关系和偶然性对个人的统治。这种情况并没有像桑乔所想象的那样要求"**我**发展**自身**"（即使没有桑乔的忠告，每一个个人也一直是这样做的），而是规定必须摆脱一种完全确定的发展方式。这个由现代关系规定的任务是和按共产主义原则组织社会的任务一致的。

我们在前面已经指出，要消灭关系对个人的独立化、个性对偶然性的屈从、个人的私人关系对共同的阶级关系的屈从等等，归根到底都取决于分工的消灭。我们也曾指出，分工的消灭取决于交往和生产力的发展达到这样普遍的程度，以致私有制和分工变成了阻碍它们发展的桎梏。我们还曾指出，私有制只有在个人得到全面发展的条件下才能消灭，因为现存的交往和现存的生产力是全面的,而只有全面发展的个人才可能掌握它们,即把它们变成这些个人生命的自由活动。我们也曾指出,现代的**个人必须**消灭私有制,因为生产力和交往形式已经发展到这样的程度,以致它们在私有制的统治下竟成了破坏力量,还因为阶级对立已登峰造极。最后,我们曾指出,私有制和分工的消灭同时也就是个人在现代生产力和世界交往所奠定的基础上的联合。

在共产主义社会中,即在个人的独创的和自由的发展不再是一句空话的唯一的社会中,这种发展正是取决于个人间的联系,而这种联系部分地表现在经济前提中,部分地表现在一切人自由发展的必要的团结一致中,最后表现在以当时的生产力为基础的个人多种多样的活动方式中。因此,这里谈的是一定历史发展阶段上的个人,而决不是随便什么样的偶然的个人;至于必然会发生的共产主义革命就更不用说了,它本身就是个人自由发展的共同条件。当然,个人关于个人间的相互关系的意识也会完全不同,因此,它既不会是“爱的原则”或自我牺牲精神,也不会是利己主义。

(《马克思恩格斯全集》中文第 1 版第 3 卷第 513—516 页)

共产主义的社会组织将消除由旧的分工造成的弊端

他①以为,所谓的劳动组织者[39]希望把每一个人的全部活动

① 指麦·施蒂纳。——编者注

都组织起来，其实，正是他们把应当组织起来的直接生产劳动同非直接生产劳动区别开来了。讲到这两种劳动时，劳动组织者根本没有像桑乔所想象的那样认为，每个人都应当从事拉斐尔的劳动，而是认为，每一个有拉斐尔才能的人都应当可以不受阻碍地得到发展。桑乔以为，拉斐尔绘画的出现跟罗马当时的分工无关。如果桑乔把拉斐尔同列奥纳多·达·芬奇和提香比较一下，他就会发现，拉斐尔的艺术作品在很大程度上取决于当时在佛罗伦萨影响下形成的罗马繁荣，达·芬奇的艺术作品则在很大程度上取决于佛罗伦萨的环境，而后来出现的提香的艺术作品则在很大程度上取决于全然不同的威尼斯的发展情况。和其他任何一个艺术家一样，拉斐尔也受到他以前的艺术所达到的技术成就、社会组织、当地的分工以及与当地有交往的各国的分工的制约。像拉斐尔这样的个人是否能发挥他的才能，这完全取决于需求，而这种需求又取决于分工以及由分工产生的人们所受教育的条件。

施蒂纳宣布科学劳动和艺术劳动的唯一性，在这里他远远落后于资产阶级。把这种"唯一者的"活动组织起来，现在已经被认为是必需的了。如果奥拉斯·韦尔内把他的画看作"只有这种唯一者才能完成"的工作，那么他连创作他的画的十分之一的时间也都没有。巴黎对通俗喜剧和小说的大量需求，促使生产这种商品的劳动组织的出现，这种组织提供的东西比在德国同它竞争的"唯一者"所提供的无论如何要好一些。在天文学方面，阿拉戈、赫歇尔、恩克和贝塞尔等人都认为必须组织起来共同观测，并且也只是从组织起来之后才获得了一些较好的成果。在历史编纂学方面，"唯一者"是绝对不可能做出什么成绩的，而在这方面，法国人也由于有了劳动组织,早就超过了其他国家。但是很明显,所有这些以现代分工为基础的劳动组织所获得的成果还是极其有限的,它们只是同以往的狭隘的单干比较起来,是个进步。

此外,还必须特别提醒注意:桑乔把劳动组织同共产主义混为一谈,甚至对于"共产主义"没有就他对劳动组织的疑虑作出回答感到惊奇。这就像加斯科尼的农家孩子对阿拉戈不能告诉他上帝是在哪一颗星星上盖了他的宫殿而表示惊奇一样。

艺术才能在个别人身上的排他性集中以及与此相关联的广大群众艺术才能的受压抑,是分工的结果。即使在一定的社会条件下,每一个人都可能成为出色的画家,这也决不排斥每一个人都可能成为独创性的画家,因此,"人的"劳动和"唯一者的"劳动的区别在这里也纯属无稽之谈。在共产主义的社会组织中,纯粹由分工造成的艺术家屈从于地方局限性和民族局限性的现象无论如何会消失,而且个人屈从于这种特定艺术的现象也会消失,这种现象表现为他仅仅是一个画家、雕刻家等等,而这种称呼就足以表明他的职业发展的局限性和他对分工的依赖。在共产主义社会里,没有画家,至多存在着既从事其他工作而又作画的人。

(《马克思恩格斯全集》中文第1版第3卷第458—460页)

无产者的阶级地位和历史使命

在现实中,个人有各种需要,正因为如此,他们已经有了某种

职责和某种**任务**,至于他们是否也在观念中把这种职责当作自己的职责,这在一开始还是无关紧要的。但是,不言而喻,由于个人都是具有意识的,他们对于自己的经验生活所赋予他们的这种职责也会形成一种观念,因而就使得圣桑乔能够抓住"职责"这个字眼,即抓住他们的现实生活条件在观念中的表现,而把这些生活条件本身置于视野之外。譬如说无产者吧,他的职责就是要像其他任何人一样满足自己的需要;而他连那些和其他任何人一样的需要都不能满足;他每天必须像牛马一样工作 14 小时;竞争使他降为物品,降为商品;他处于单纯生产力的地位,而其他更强大的生产力还在把他从这个唯一留给他的地位中排挤出去,——因此这个无产者已经有了现实的任务:使他的关系发生革命。当然他可以把这件事想象为自己的"职责",如果他想进行宣传的话,他也可以这样来说明自己的"职责":无产者从事这样和那样的活动就是他的合乎人性的职责,尤其因为他的地位使他连那些从他的直接的人的本性中产生的需要都不能满足,他更要这样做。圣桑乔对于作为这个想法的基础的现实,对于这个无产者的实际目的,漠不关心。他死死抓住"职责"这个字眼,把它说成是圣物,并且把无产者说成是圣物的奴仆。这是一个自命不凡并"继续前进"的最容易的办法。

特别是在迄今存在的这些关系中,总是有某个阶级占统治地位;个人的生活条件总是和某个阶级的生活条件相一致;因而任何一个新兴的阶级的实际任务,在这一阶级的每一个人看来必定是**普遍的**任务;每个阶级只有把**一切**阶级的个人从至今仍然套在他们头上的一个个枷锁下解放出来,才能真正地推翻先前的统治阶级,——正是在上述情况下,争取统治的那个阶级的个人的任务被说成是普遍合乎人性的任务,是必然的。

不过,如果资产者告诫无产者说,他的(无产者的)合乎人性的任务就是每天工作 14 小时,那么无产者完全有权用同样的语言来回答:恰恰相反,他的任务是要推翻整个资产阶级制度。

(《马克思恩格斯全集》中文第 1 版第 3 卷第 326—327 页)

在革命活动中无产者改变自身和改变环境是同步的

第 277 页:“如果对社会问题的关心少一些狂热和盲目性,那么,**人们**……就会认识到:只要组成**和**构建一个社会的那些人依然是旧人,这个社会就不能更新。”①

这里“施蒂纳”认为,那些使社会革命化,把生产关系和交往形式置于新的基础之上,即置于作为新人的自身之上,置于他们的新的生活方式之上的共产主义无产者,依然是“旧人”。这些无产者的不懈的宣传,他们每天彼此之间进行的讨论,都充分地证明:他们自己是多么不愿再做“旧人”,而且根本不愿让人们再做“旧人”。只有当他们和圣桑乔一起“在自身中寻找过错”的时候,他们才会依然是“旧人”;但他们非常清楚地知道,他们只有在改变了的环境中才会不再是“旧人”,因此他们决心一有机

① 麦·施蒂纳《唯一者及其所有物》1845 年莱比锡版第 277 页。——编者注

会就去改变这种环境。在革命活动中,改变自身同改变环境是同步的。

(《马克思恩格斯全集》中文第1版第3卷第234页)

思想和语言都只是现实生活的表现

对哲学家们说来,从思想世界降到现实世界是最困难的任务之一。**语言**是思想的直接现实。哲学家们已经使思维独立化,同样,他们也一定要使语言独立化而成为一个特殊的王国。这就是哲学语言的秘密,在哲学语言里,思想作为言语具有自己本身的内容。从思想世界降到现实世界的问题,变成了从语言降到生活的问题。

我们已经指出,思想和观念的独立化是个人之间的私人关系和联系独立化的结果。我们已经指出,意识形态家和哲学家对这些思想进行专门的系统的研究,从而使这些思想系统化,这是分工的结果;具体地说,德国哲学是德国小资产阶级关系的结果。哲学家们只要把自己的语言还原为它从中抽象出来的普通语言,就可以认清他们的语言是现实世界的被歪曲了的语言,就可以懂得,无论是思想还是语言都不能独自组成特殊的王国,它们只是现实生活的**表现**。

(《马克思恩格斯全集》中文第1版第3卷第525页)

我们看到,从思维过渡到现实,也就是从语言过渡到生活的整个问题,只存在于哲学幻想中;也就是说,只有在那种不可能明白自己在想象中脱离生活的性质和根源的哲学意识看来,提出这个问题才是合理的。

(《马克思恩格斯全集》中文第1版第3卷第528页)

注　　释

1　大·施特劳斯的主要著作《耶稣传》(1835—1836年蒂宾根版第1—2卷)开创了对宗教的哲学批判,并使黑格尔学派开始分裂为老年黑格尔派和青年黑格尔派。

老年黑格尔派强调黑格尔的体系,对德国三月革命前的社会和政治实践持保守的甚至反动的态度。因此,他们也被称做右翼黑格尔派,其成员有格·加布勒、卡·道布、汉宁和亨·莱奥。

青年黑格尔派注重黑格尔的辩证方法,对基督教和普鲁士国家持批判态度,他们也被称做左翼黑格尔派,其主要成员有大·施特劳斯、麦·施蒂纳、阿·卢格、鲍威尔兄弟等,路·费尔巴哈一度也是该派成员。——6。

2　狄亚多希是马其顿亚历山大大帝的将领们,他们在亚历山大死后为争夺权力而彼此进行残酷的厮杀。在这场争斗的过程中(公元前4世纪末至公元前3世纪初),亚历山大的帝国这个不巩固的、实行军事管理的联盟分裂为许多单独的国家。——6。

3　"震撼世界的"一词是《维干德季刊》(见注19)上一篇匿名文章的用语(见该杂志1845年第4卷第327页)。——10。

4　"交往"(Verkehr)这个术语在《德意志意识形态》中含义很广。它包括单个人、社会团体以及国家之间的物质交往和精神交往。马克思和恩格斯在这部著作中指出:物质交往,首先是人们在生产过程中的交往,这是任何其他交往的基础。《德意志意识形态》中所用的"交往形式"、"交往方式"、"交往关系"、"生产关系和交往关系"这些术语,表达了马克思和恩格斯在这个时期形成的生产关系概念。——12。

5 马克思和恩格斯使用的术语 Stamm,在本文中译为“部落”。在 19 世纪中叶的历史研究中,这个术语的含义比现在宽泛。它是指渊源于共同祖先的人们的共同体,包括近代所谓的“氏族”和“部落”。美国的民族学家路·亨·摩尔根在其主要著作《古代社会》(1877 年)中第一次把“氏族”和“部落”这两个概念区分开来,并下了准确的定义。摩尔根指明,氏族是原始公社制度的基层单位,部落则是由若干血缘相近的氏族结合而成的集体,从而为研究原始社会的全部历史奠定了科学的基础。恩格斯在《家庭、私有制和国家的起源》(见《马克思恩格斯选集》第 3 版第 4 卷)一书中总结了摩尔根的这些发现,全面地解释了氏族和部落这两个概念的内容。——13。

6 李奇尼乌斯土地法是公元前 367 年在古罗马通过的一项法律,又称李奇尼乌斯法。该法律对于把公有地转交个人使用的权利作了某种限制,并规定撤销部分债务。该法反对大土地占有制,反对扩大贵族的特权,反映了平民的经济地位和政治地位有所加强。根据罗马的传统说法,该法是罗马护民官李奇尼乌斯和塞克斯蒂乌斯制定的。——14。

7 内战指在罗马发生的内战,通常是指罗马统治阶级各集团之间从公元前 2 世纪末至公元前 30 年持续进行的斗争。这些内战连同日益尖锐的阶级矛盾和奴隶起义加速了罗马共和国的衰亡,并导致罗马帝国的建立。——14。

8 在恩格斯的《家庭、私有制和国家的起源》(见《马克思恩格斯选集》第 3 版第 4 卷)以及《法兰克时代》(见《马克思恩格斯全集》中文第 2 版第 25 卷)中均有关于日耳曼人军事制度的论述。——14。

9 马克思和恩格斯在这里和后面的论述,主要涉及路·费尔巴哈的著作《未来哲学原理》,并且从中引用了费尔巴哈的一些用语。——20。

10 《德法年鉴》(Deutsch-Französische Jahrbücher)是由马克思和阿·卢格在巴黎编辑出版的德文刊物,仅在 1844 年 2 月出版过第 1—2 期合刊;其中刊载有马克思的著作《论犹太人问题》(见《马克思恩格斯文集》第

1卷）和《〈黑格尔法哲学批判〉导言》（见《马克思恩格斯选集》第3版第1卷），以及恩格斯的著作《国民经济学批判大纲》（见《马克思恩格斯选集》第3版第1卷）和《英国状况。评托马斯·卡莱尔的〈过去和现在〉》（见《马克思恩格斯全集》中文第2版第3卷）。这些著作标志着马克思和恩格斯完成了从唯心主义向唯物主义、从革命民主主义向共产主义的转变。该杂志由于马克思和资产阶级激进分子卢格之间存在原则分歧而停刊。——29、99。

11 市民社会（bürgerliche Gesellschaft）这一术语出自黑格尔《法哲学原理》第182节（见《黑格尔全集》1833年柏林版第8卷）。在马克思和恩格斯的早期著作中，这一术语有两重含义。广义地说，是指社会发展各历史时期的经济制度，即决定政治制度和意识形态的物质关系总和；狭义地说，是指资产阶级社会的物质关系。因此，应按照上下文作不同的理解。——32、77。

12 重大政治历史事件的德文原文是Haupt-und Staatsaktion，其原意是“大型政治历史剧”，指17世纪和18世纪上半叶德国巡回剧团演出的戏剧。这些戏剧用夸张的、粗俗的和笑剧的方式展现悲剧性的历史事件。

这个词的引申意义是指重大的政治历史事件。德国历史科学中的一个流派“客观的历史编纂学”学派就是在这个意义上使用这个词的。莱·兰克是该学派的主要代表之一。他把Haupt-und Staatsaktion看做是需要陈述的重要主题。“客观的历史编纂学”学派看重国家的政治和外交历史，宣称外交政治高于国内政治，无视人们的社会关系及其在历史中的积极作用。——33。

13 大陆体系或大陆封锁是法国皇帝拿破仑第一在拿破仑战争期间为反对英国而采取的一项重要的经济政治措施。1805年法国舰队被英国舰队消灭后，拿破仑于1806年11月21日颁布了《柏林敕令》，禁止欧洲大陆各国同英国进行贸易。参加大陆体系的有西班牙、那不勒斯、荷兰、普鲁士、丹麦和奥地利。根据1807年的蒂尔西特条约的秘密条款，俄国加入了大陆体系。1812年拿破仑在俄国遭到失败后，所谓的大陆体系便瓦解了。——34。

14 指布·鲍威尔的论文《评路德维希·费尔巴哈》，载于1845年《维干德季刊》（见注19）第3卷。——36。

15 《马赛曲》、《卡马尼奥拉曲》、《ça ira》（意为：就这么办）都是18世纪末法国资产阶级革命时期的革命歌曲。《ça ira》这首歌曲结尾的叠句是："好！就这么办，就这么办，就这么办。把贵族吊在路灯柱上！"——36。

16 种姓是职业世袭、内部通婚和不准外人参加的社会等级集团。种姓的出现和阶级社会形成时期的分工有关。种姓制度曾以不同形式存在于古代和中世纪各国，但在印度社会中表现得最为典型。古印度的《摩奴法典》规定有四个种姓：婆罗门、刹帝利、吠舍及首陀罗。——39。

17 《哈雷年鉴》（Hallische Jahrbücher）和《德国年鉴》（Deutsche Jahrbücher）是青年黑格尔派的刊物《德国科学和艺术哈雷年鉴》（Hallische Jahrbücher für deutsche Wissenschaft und Kunst）的简称，1838年1月—1841年6月以日报形式在莱比锡出版，由阿·卢格和泰·埃希特迈尔负责编辑；因在普鲁士受到禁止刊行的威胁，编辑部从哈雷迁到萨克森的德累斯顿，并更名为《德国科学和艺术年鉴》（Deutsche Jahrbücher für Wissenschaft und Kunst），从1841年7月起由阿·卢格负责编辑，继续出版；起初为文学哲学杂志，从1839年底起逐步成为政治评论性刊物，在1838—1841年还出版《哈雷年鉴附刊》（Intelligenzblatt zu den Hallischen Jahrbüchern），主要刊登新书广告；1843年1月3日被萨克森政府查封，并经联邦议会决定在全国查禁。——41。

18 莱茵之歌是指德国诗人尼·贝克尔的诗歌《德国的莱茵河》。这首诗在1840年写成后被多次谱成歌曲。——41。

19 《维干德季刊》（Wigand's Vierteljahrsschrift）是青年黑格尔派的哲学杂志，1844—1845年由奥·维干德在莱比锡出版；参加该杂志工作的有布·鲍威尔、麦·施蒂纳和路·费尔巴哈等人。——42、99。

20 路·费尔巴哈在《因〈唯一者及其所有物〉而论〈基督教的本质〉》一文的结尾处这样写道："由此可见，既不应当称费尔巴哈为唯物主义者，也不应当称他为唯心主义者，更不应当称他为同一哲学家。那他究竟是什么呢？思想中的他，就是行动中的他，精神中的他，就是肉体中的他，本质中的他，就是感觉中的他；他是人，或者，说得更确切一些，——因为，费尔巴哈把人的本质仅仅设定在共同性之中——他是共同人，是共产主义者。”——42。

21 路·费尔巴哈《未来哲学原理》1843 年苏黎世—温特图尔版第 47 页。

恩格斯在为写作《德意志意识形态》第一卷第一章而写的札记《费尔巴哈》（见《马克思恩格斯全集》中文第 1 版第 42 卷）中，引用和评论了费尔巴哈这部著作中有关的话。——43。

22 *反谷物法同盟*是英国工业资产阶级的组织，由曼彻斯特的两个纺织厂主理·科布顿和约·布莱特于 1838 年创立。谷物法是英国政府为维护大土地占有者的利益，从 1815 年起实施的旨在限制或禁止从国外输入谷物的法令。同盟要求贸易完全自由，废除谷物法，其目的是为了降低国内谷物价格，从而降低工人的工资，削弱土地贵族的经济和政治地位。同盟在反对大土地占有者的斗争中曾经企图利用工人群众，宣称工人和工厂主的利益是一致的。但是，就在这个时候，英国的先进工人展开了独立的、政治性的宪章运动。1846 年谷物法废除以后，反谷物法同盟宣布解散。实际上，同盟的一些分支机构一直存在到 1849 年。——50。

23 按照麦·施蒂纳的看法，“联盟”是利己主义者的自愿联合（参看《马克思恩格斯全集》中文第 1 版第 3 卷第 452—501 页）。——51。

24 马克思和恩格斯后来研究了农民反抗封建制度的斗争历史，探讨了 1848—1849 年农民的革命活动，改变了他们对中世纪农民起义的评价。恩格斯在 1850 年写的《德国农民战争》（见《马克思恩格斯文集》第 2 卷）一书中阐明了农民起义的性质及其在推翻封建制度的基础方面所起的作用。——52。

25 *航海条例*是英国为了保护本国海运、对付外国竞争而制定的一系列法令。条例规定，进口货物只能用英国船只或货物出产国的船只；英国沿海的航行以及与殖民地的贸易只限于英国船只。第一个，也是最著名的航海条例，是 1651 年奥·克伦威尔为对付荷兰的转运贸易和巩固英国的殖民统治而颁布的。航海条例在19世纪20年代已受到很大限制,1849年只保留了有关沿海贸易部分,1854年全部废除。——57。

26 英格兰于1066年被诺曼底公爵、征服者威廉征服。

1130年宣告成立的西西里王国包括西西里和以那不勒斯为中心的南意大利。西西里王国的建国方针是由诺曼征服者的首领罗·基斯卡德于11世纪下半叶制定的。——71。

27 东罗马帝国指拜占庭帝国。公元395年罗马帝国分裂为东西两部分。东罗马帝国包括巴尔干半岛、小亚细亚、地中海东南岸地区,其首都是君士坦丁堡。1453年土耳其军队占领君士坦丁堡,东罗马帝国灭亡。中国史籍中称东罗马帝国为拂菻或大秦。——72。

28 民族大迁徙指公元3—7世纪日耳曼、斯拉夫及其他部落向罗马帝国的大规模迁徙。4世纪上半叶,日耳曼部落中的西哥特人因遭到匈奴人的进攻侵入罗马帝国。经过长期的战争,西哥特人于5世纪在西罗马帝国境内定居下来,建立了自己的国家。日耳曼人的其他部落也相继在欧洲和北非建立了独立的国家。民族大迁徙对摧毁罗马帝国的奴隶制度和推动西欧封建制度的产生起了重要的作用。——73。

29 意大利城市阿马尔菲是10—11世纪繁荣的商业中心。在中世纪,阿马尔菲市海商法在整个意大利都有效,并在地中海沿岸各国广泛采用。——79。

30 托利党是英国的政党,于17世纪70年代末80年代初形成。1679年,就詹姆斯公爵(后来的詹姆斯二世)是否有权继承王位的问题,议会展开了激烈的争论。拥护詹姆斯继承王位的议员,被敌对的辉格党人讥称为托利。托利(Tory)为爱尔兰语,原意为天主教歹徒。托利党坚持反动的对内政策,维护国家制度中保守和腐朽的体制,反对国内的民主改革,曾与辉格党轮流执政。随着英国资本主义的发展,托利党逐渐失去了先前的政治影响和在议会中的垄断权。1832年议会改革使资产阶级代表人物进入议会。1846年废除谷物法,削弱了英国旧土地贵族的经济基础并造成了托利党的分裂。19世纪50年代末60年代初,在老托利党的基础上成立了英国保守党。——88。

31 青年德意志是德国19世纪30年代在法国七月革命和德国人民起义的影响下出现的一个文学流派,它同时又是一个文学团体,受海涅和卡·白尔尼的影响极大,在世界观方面受黑格尔思想和圣西门主义的影响。青年德意志作家(卡·谷兹科、亨·劳伯、卢·文巴尔克和泰·蒙特等)主张信仰自由和新闻出版自由、实行立宪制、解放妇女等等。他们的文艺和政论作品反映出小资产阶级的反抗情绪。青年德意志派观点的特点是思想上不成熟和政治上不坚定。他们之中的大多数人很快就沦为庸俗的资产阶级自由派。青年德意志在1848年后解体。——89。

32 《和平民主日报》是法国的一家杂志,其全称为《和平民主日报。维护政府和人民利益的报纸》(La Démocratie pacifique. Journal des intérêts des gouvernements et des peuples),1843—1851年在巴黎出版,主编是维·孔西得朗。——91。

33 哈巴谷是圣经中12个所谓小先知之一,见《旧约全书·哈巴谷书》。——91。

34 神圣同盟是欧洲各专制君主镇压欧洲各国进步运动和维护封建君主制度的反动联盟。该同盟是战胜拿破仑第一以后,由俄国沙皇亚历山大一世和奥地利首相梅特涅倡议,于1815年9月26日在巴黎建立的,同时还缔结了神圣同盟条约。几乎所有的欧洲君主国家都参加了同盟。这些国家的君主负有相互提供经济、军事和其他方面援助的义务,以维持维也纳会议上重新划定的边界和镇压各国革命。神圣同盟为了镇压欧洲各国资产阶级革命和民族解放运动,先后召开过几次会议:1818年亚琛会议,1820—1821年特罗保会议,1821年5月莱巴赫会议以及1822年维罗纳会议。根据会议的决议,神圣同盟曾于1820—1821年间镇压意大利的革命运动,1823年武装干涉西班牙革命,并企图干涉拉丁美洲的独立运动。由于欧洲诸国间的矛盾以及民族革命运动的发展,1830年法国七月革命后神圣同盟实际上已经瓦解。——102。

35 关税同盟是在普鲁士领导下于1834年1月1日成立的。在此之前,1818年的保护关税条例废除了普鲁士境内的国内税。从1819年开始,一些小邦陆续与普鲁士签订关税协定。1829年普鲁士与南德意志的巴伐利亚和符腾堡(它们建有自己的关税同盟)签订了贸易协议,此后又有不少的邦如萨克森等加入此贸易协议。在这些双边或多边协议的基础上产生了最初包括18个邦的关税同盟。同盟于1834年成立之后,巴登、拿骚、法兰克福等又陆续加入。到50年代中期,同盟包括了除奥地利、汉撒自由市(吕贝克、汉堡、不来梅)和北德意志的一些小邦外几乎所有的德意志邦。关税同盟的成立促进了1871年德国政治统一的完成。——105。

36 昔勒尼学派是公元前5世纪古希腊小苏格拉底学派之一,其创始人为苏格拉底的学生,昔勒尼的亚里斯提卜。这个学派接受并发展了苏格拉底关于善的概念,认为人们天生追求的快乐就是善,人不能被快乐所支配,应该主宰快乐。——109。

37 汉撒同盟是德意志北部沿海城市的贸易同盟。中世纪德语汉撒(Hansa)原意为"行会"或"协会"。从12世纪起,该同盟是北德意志商人与英国和佛兰德进行贸易的协作式联合组织;13世纪末是北海和波罗的海沿岸以及与这两个海相连的河流两岸的城市所结成的贸易和政治同盟。同盟的中心在吕贝克;同盟的宗旨在于垄断东欧北欧同西欧的转运贸易。该同盟的极盛时代是在14世纪后半期和15世纪前半期,15世纪末开始衰落,1669年解体。——112。

38 道德协会是普鲁士爱国的秘密政治团体,于1806年普鲁士被拿破仑法国战败之后创立。该协会联合了自由派贵族和资产阶级知识分子的代表人物。协会的宗旨是唤起人们的爱国热情,争取把自己的国家从拿破仑的占领下解放出来并建立立宪制度,支持在普鲁士进行温和的自由主义改革。1809年,普鲁士国王在拿破仑的要求下取缔了道德协会,然而协会仍继续存在,直到拿破仑战争结束。拿破仑失败后,该协会由于提出宪法方面的要求而遭到迫害,很快便瓦解了。——114。

39 指空想社会主义者(特别是傅立叶及其追随者)以及通过改良和所谓"劳动组织"来改造社会的这种空想计划的拥护者,他们主张用"劳动组织"来改变资本主义制度下生产的无政府状态。——122。

人 名 索 引

A

B

S

T

W

X

Y

Z

纪念马克思诞辰200周年

《马克思恩格斯著作特辑》编审委员会

主　编　韦建桦

副主编　顾锦屏　王学东　柴方国　沈红文

编　委　（以姓氏笔画为序）

朱　毅　闫月梅　李朝晖　李　楠　徐　洋

黄文前　章　林

本书编审人员　韦建桦　顾锦屏　沈红文　曹浩瀚

黄文前　张芃爽

责任编辑：毕于慧
编辑助理：余　雪　高华梓
装帧设计：肖　辉　周方亚
责任校对：白　玥

图书在版编目(CIP)数据

德意志意识形态(节选本)/马克思,恩格斯著;中共中央马克思恩格斯列宁斯大林著作编译局编译. —北京:人民出版社,2018.3(2022.9 重印)
(马克思诞辰 200 周年纪念特辑)
ISBN 978-7-01-018973-4
Ⅰ.①德…　Ⅱ.①马… ②恩… ③中…　Ⅲ.①马列著作-马克思主义　Ⅳ.①A121
中国版本图书馆 CIP 数据核字(2018)第 033606 号

书　　名　德意志意识形态(节选本)
DEYIZHI YISHIXINGTAI JIEXUANBEN
编 译 者　中共中央马克思恩格斯列宁斯大林著作编译局
出版发行　人民出版社
(北京市东城区隆福寺街 99 号　邮编 100706)
邮购电话　(010)65250042　65289539
经　　销　新华书店
印　　刷　北京中科印刷有限公司
版　　次　2018 年 3 月第 1 版　2022 年 9 月北京第 5 次印刷
开　　本　787 毫米×1092 毫米 1/16
印　　张　10.75
插　　页　3
字　　数　123 千字
印　　数　65,001-70,000 册
书　　号　ISBN 978-7-01-018973-4
定　　价　30.00 元